我が愛しの歌謡曲

昭和・平成・令和のヒット・パレード

吉川　潮

ワニブックス
|PLUS|新書

まえがき

私の300枚にわたるCDコレクションのほとんどは歌謡曲で、その中には昭和40年代のグループサウンズ、50年代のフォークソングとニューミュージックも含まれる。毎晩就寝前に床の中で聴き、そのまま眠りにつくのが日課だ。特にこの1年半は巣籠もりすることが多かったので、CDを聴くだけでなく、昼間からユーチューブで好きな歌手の映像を観て楽しんでいる。

どうしてこんなに歌謡曲が好きになったのか。それは幼児体験に因する。亡父が作詞家の西條八十先生と親しかったことで、「潮」という名前を付けていただいた。家の中には先生が作詞した歌のレコードがたくさんあって、父が聴いていたのが耳に馴染み、自然に好きになったと思われる。長じて作家になり、先生の評伝（『流行歌　西條八十物語』）を書いた際に、歌謡曲の歴史について研究したことも大きい。

近年は、衛星放送で昭和の名曲を現役歌手が歌う歌謡番組が増えたので欠かさず観ている。贔屓《ひいき》の歌手のコンサートに行く機会も多い。そんなことで、以前から歌謡曲の本を出したいという強い思いがあった。作家として、歌謡評論家には書けない歌謡曲論、歌手論を書きたいと思った。同時代を生きた読者に共感していただける評論を。

歌は聴く者の記憶を呼び起こす。歌が流行った頃、自分は何をしていたかを思い出させるのだ。そこで、歌手の生年と曲が出た年を年号で記すことにした。我々世代には、西暦よりも和暦（昭和・平成・令和何年）で書いた方がわかりやすい。

近年の紅白歌合戦に出場した歌手と歌われた曲を、ほとんど知らなかったとお嘆きの皆様。本書に登場する歌手と曲はご存じのはず。次々に出てくるヒットメドレーをお楽しみください。

目次

目次

東映任侠のスターは歌もいける
御三家では、橋、西郷よりも舟木一夫
3人娘では、中尾ミエ、園まりよりも伊東ゆかり

花の名前が入った名曲10選

第2章

ムード歌謡というジャンル

フランク永井と松尾和子の甘い歌声
西田佐知子の名曲は今も歌い継がれる
ムード歌謡コーラスグループの元祖は、和田弘とマヒナスターズ
銀座といえば、ロス・プリモス
ロス・インディオスのラテンの味わい
鶴岡雅義のレキントギターが冴える東京ロマンチカ
クール・ファイブは前川清で持っていた
敏いとうとハッピー&ブルーの森本英世はいまも健在
青江三奈の色っぽいハスキーボイス

この歌手のこの1曲10選(男性編)

第4章

グループ・サウンズにおける歌謡曲性…………119

第5章 ニューミュージックのシンガーソングライターたち

活躍を期待する若手歌手のこの1曲10選

第1章

戦後の流行歌時代

それは「青い山脈」で始まった

戦後の歌謡曲は並木路子の「リンゴの唄」で始まったと言われるが、昭和23年生まれの私が最初に聴いたのは「青い山脈」である。作詞をした西條八十と亡父の関係について述べると、西條が戦時中、疎開した茨城県下館町（現筑西市）は私の母の故郷で、父親はその地で西條と知り合った。長唄三味線の師匠である父に、西條夫人が弟子入りしたのがきっかけだ。

戦後、西條夫妻は世田谷区成城に移ったが、父との付き合いは続き、私が生まれた際に「潮」という名前を先生に付けていただいた。そんな縁で、我が家には先生が作詞された歌のレコードがたくさんあった。物心つく頃には、私も聴くようになり、中でも「青い山脈」が好きで、繰り返し聴いたものだ。

当時の曲は前奏からしていい。「青い山脈」も例外でなく、服部良一の軽快なメロディに乗ったイントロはウキウキする。歌詞の素晴らしさを知るには、ＣＤをお持ちの方は歌詞カードを、お持ちでない方はスマホ、パソコンで「青い山脈歌詞」と検索していただきたい。古い軍国主義と新しい民主主義を象徴するような歌詞は、戦時中に検閲で苦労した西條ならではの傑作といえる。

小学生の頃、西條の「誰か故郷を想わざる」や「旅の夜風」を聴いているうちは父もにこやかだったが、「ゲイシャワルツ」を覚えて口ずさんでいたら、さすがに複雑な表情をしたものだ。歌詞の意味を子供に聞かれたくなかったのかもしれない。「ゲイシャワルツ歌詞」で検索してもらえれば、その理由がわかる。

西條には門下生が多く、藤山一郎の「東京ラプソディ」を作詞した門田ゆたかもその1人だ。門田は佐々詩生の筆名で「東京の花売娘」を書いている。歌ったのは岡晴夫。歌い出しに柳が出てくることで、銀座が舞台とわかる。銀座の柳は西條がよく使うので、弟子も好んで使った。

サトウハチローも門下生で、「夢淡き東京」を作詞した。曲は古関裕而。この歌にも柳が出てくる。もう1人の愛弟子、佐伯孝夫は「東京の屋根の下」を作詞し、灰田勝彦がのびやかに歌った

門下生がそろいもそろって、タイトルに「東京」と付いた銀座の歌を作っているのが、

都会的な西條一門の特徴といえる。

また、西條は三越百貨店の「ホームソング」、つまりCMソングを作詞しており、その数年後に佐伯がそごう百貨店に依頼され、「有楽町で逢いましょう」を書き、歌謡曲としてフランク永井が歌って大ヒットした。師弟というのは、芸人なら芸風が似るし、料理人なら味が似るものだが、作詞家も師匠と似たようなことをする。

もう1曲、特筆すべき西條作品は、「蘇州夜曲」だ。純粋詩の詩人としても評価が高かった西條以外には書けない文学的な歌詞である。作曲の服部良一のメロディも素晴らしく、歌謡史に残る名曲といえる。

この曲は誰の作詞作曲なのか。歌を論じるためには大事なことである。以後も必要性を感じる曲は、必ず作者の名を記すことにしたい。

二枚看板、三橋美智也と春日八郎

昭和30年代の歌謡界において、人気を二分したのが三橋美智也と春日八郎である。歌の巧さ、ヒット曲の数、共に甲乙つけがたい。当時「ふるさと歌謡」と呼ばれたジャンルで、三橋に「リンゴ村から」があれば、春日に「別れの一本杉」があり、三橋の「哀愁列車」に対して、春日には「赤いランプの終列車」がある。ご当地ソングなら、三橋に「古城」、春日には「長崎の女《ひと》」があって、双方とも引けを取らない。

私が敬愛した立川談志師匠は三橋の大ファンで交流があった。師匠は、「三橋さんの最高傑作は『哀愁列車』だ」と公言していた。私も同感で、横井弘の作詞、特に3番がいい。これも是非検索していただきたい。

春日のヒット曲の中で一番好き、というより、私がこよなく愛するのが「別れの一本杉」だ。船村徹の新人時代の傑作で、ギターが奏でるメロディと、船村の親友の作詞家、高野公男の詞が相乗効果をもたらす。高野の「没後50周年記念」として発売された『別れの一本杉は枯れず』という題名のアルバムを持っている。「別れの一本杉」を、なんと18人の歌手が歌っている（2人はギターのみ）。本家の春日の他、三橋、美空ひばり、村田英雄、北島三郎、藤圭子、鳥羽一郎、五木ひろし、細川たかし、さらに船村自身まで歌っている。1曲をこれだけ多数の歌手が歌ったアルバムは他に知らない。

船村は春日が亡くなった後、ギターだけのバンドを組んで、よくこの歌を歌っていた。NHKの『新・BS日本のうた』で聴いたことがあるが、実にけっこうな弾き語りで、早世した高野公男に対する思いを込めて歌っているように思えた。船村の没後は、愛弟子の鳥羽一郎や走裕介が歌い継いでいる。こうして名曲は永遠に残るのだ。

春日は大正13年生まれ、福島県河沼郡出身。昭和27年に「赤いランプの終列車」でデビューした。29年に「お富さん」が大ヒット。この歌は当時ブームだったパチンコ店でレコードがかかったことで流行した。時代を象徴する歌といえる。あまりに流行りすぎて、その後1年間、春日が低迷したほど。スランプを脱出した新曲が「別れの一本杉」だった。その後、「あん時ゃどしゃ降り」、「別れの燈台」、「山の吊橋」、「長崎の女《ひと》」と連続してヒットを飛ばす。ちなみに、女と書いて「ひと」と読ませたタイトルはこれが最初である。同じ長崎が舞台の歌に「ロザリオの島」があり、春日の美声が生きた曲だ。

三橋は昭和5年生まれで北海道出身。もとは民謡歌手であり、津軽三味線の名手として有名だった。昭和29年、春日と同じキングレコードの専属となり、「酒の苦さよ」でデビューする。30年には「おんな船頭唄」がミリオンセラーの大ヒット。以後、「あの娘が泣いてる波止場」、「夕焼けとんび」、「母恋吹雪」、「達者でナ」、「星屑の町」など、ミリオンセラーは18曲に及ぶ。

中でも「古城」が素晴らしい。レコード会社が三橋のイメージチェンジを狙い、「『荒城の月』のような格調高い曲を」と注文をつけて、高橋掬太郎に作詞を依頼し、出来上がったのが「古城」だった。（作曲は細川潤一）琴と尺八の伴奏、文学性のある詞が格調高さを醸し出している。

ご両人は切磋琢磨しながら、互いを認めつつ大歌手になった。この２人の歌を巧みに歌う歌手（？）がいる。落語協会会長、柳亭市馬だ。彼は落語家で、歌手協会の会員でもあるから「副業歌手」というべきか。懐メロマニアで、歌が巧いことから、落語の後に懐メロを歌う会を毎年開いていた。それも千人以上収容する大ホールでフルバンドの伴奏。道楽もここまでくると大したものだ。

市馬は懐メロなら何でもこいで、三橋と春日が十八番。それを談志師匠が気に入り、行きつけの懐メロスナックに連れて行き、自分の好きな曲を歌わせていた。師匠が亡くなる3年ほど前に、市馬の歌の会にゲスト出演したことがあった。好きな懐メロを聴いてご機嫌な師匠、フィナーレに再登場して、市馬と一緒に春日の「赤いランプの終列車」を歌った。最後に「さようなら」と歌いながら、客席に手を振った姿が忘れられない。

名曲は素敵な思い出を残してくれる。

宿命のライバル、三波春夫と村田英雄

子供の頃、ラジオから流れる浪曲を聴くのを楽しみにしていた。特に廣澤虎造の「清水次郎長伝」が好きで、「石松三十石船道中」の「江戸っ子だってねえ」「神田の生まれよ」というやり取りを覚えてしまった。演芸評論家になってからもよく聴いていて、評伝、『江戸っ子だってねえ　浪曲師廣澤虎造一代』を書いた。近年は大阪の浪曲師、京山幸枝若を贔屓にしている。つまり、私は浪曲に詳しいのだ。

そこで三波春夫と村田英雄。共に浪曲師出身で、宿命のライバルといわれる。

大正12年、新潟県長岡市に生まれた三波は、16歳で浪曲師の初舞台を踏み、太平洋戦

争中、兵隊に取られた。満州で終戦を迎えてシベリアに４年間抑留、昭和24年に帰国して浪曲師に復帰し全国を巡業する。

29年に新作浪曲コンクールに出場するが、優勝したのは酒井雲坊こと村田英雄であった。「浪曲では天下を取れない」と考えた三波は歌謡界に転身、32年に「チャンチキおけさ」と「船方さんヨ」で華々しいデビューを飾る。デビュー曲のA面とB面、２曲ともヒットした例は稀である。どちらも三波の明るい高音を生かした曲で、「チャンチキおけさ」は手拍子しながら皆で歌えることで大衆の支持を得、50万枚も売れた。

昭和４年、福岡県生まれの村田は４歳で浪曲師、京山茶目丸として初舞台。後に酒井雲坊と改名し順調に売れていたから、歌謡曲に転身することはなかったが、大作曲家、古賀政男に勧められたことで決心する。

デビュー曲は古賀の作による「無法松の一生」と「度胸千両」。どちらもいい曲なのに、８千枚しか売れなかったという。三波の50万枚に対して８千枚。浪曲師として格上だった村田はさぞかしプライドが傷ついたであろう。

その後も、古賀の「人生劇場」など佳作はあったものの、大ヒットとまではいかない。

日本コロムビアの打開策は、作曲家を代えることだった。ディレクターが古賀に、「村田の次の新曲は若い作曲家に頼みたい」と告げると、古賀は激怒したという。新曲の作詞は大御所の西條八十に村田が直々頼んだ。西條が快諾して出来たのが「王将」である。ちなみに、私が父から聞いた話では、「西條先生は将棋ができない」とか。プロは知らないことでも作詞してしまうのだ。

作曲は新進気鋭の船村徹。村田の声と節に惚れていた船村は、満を持して詞を書いた。これが村田にとって初のミリオンセラーになる。デビューから3年、32曲目の大ヒットであった。

以後は順風満帆で、「柔道一代」、「皆の衆」、「夫婦春秋」などのヒットがあるが、私は「男の土俵」を推す。近年も、のど自慢の現役力士が必ず持ち歌にするくらい浸透している。

一方三波はというと、「雪の渡り鳥」、「大利根無情」、長編歌謡浪曲「元禄名槍譜　俵《たわら》星玄蕃《ほしげんば》」（なんと、8分以上ある）など、ヒットを続けた。38年に「東京五輪音頭」、42年には「世界の国からこんにちは」と、オリンピック、万博のテーマソングを歌ったことで、「国民的歌手」と言われるまでになった。

歌手としては、三波の方がヒット曲が多く、歌舞伎座で座長公演をしていることもあり、村田より上に見られていた。しかし、浪曲なら村田が格段に巧い。演歌には、マイナー音階の「泣き節」と言われる独特の節がある。これは浪曲の節、つまり浪花節が元になっている。泣き節に関しては村田の方が上なのだ。私はそれを強調したい。

晩年のご両人が競演したＮＨＫの歌番組を観たが、長年のライバルが打ち解け合う姿はほほえましかった。「チャンチキおけさ」を２人で歌う姿は、感動ものであった。

三波は平成13年没、村田は14年没。デビューと同じく、三波に１年遅れての他界とは、宿命のライバルらしい。

美空ひばりが嫌いだった理由

美空ひばりを高く評価する人が多い。確かに、歌が巧いのは認める。しかし、私見では、ひばりよりちあきなおみの方が巧いと思うし、ヒット曲のすべてがいいとも思わない。

昭和12年、横浜生まれで、幼い頃から天性の才を表し、9歳には人前で歌っていた。レコードデビューは12歳で、同年に『悲しき口笛』という映画に主演、同名の主題歌が大ヒットした。今この歌を聴くと、子供にしては巧いのだが、嫌味っぽく感じる。昔のテレビ番組、『ちびっこのどじまん』でよく観たこまっちゃくれた女の子みたいだ。

25年、「越後獅子の唄」を作詞した西條八十は、大人たちの思惑で働かされているひばりに、大道で軽業を見せて投げ銭をもらう越後獅子の子供の姿を投影した。西條の目には、「天才少女であるが、どこか不憫な子」と映ったのだ。

27年、「リンゴ追分」が大ヒットしてミリオンセラーとなり、スターダムに乗る。裏声を使ったこの歌こそ、10代のひばりの代表曲である。この歌は「凄い」と認めざるをえない。30年には江利チエミ、雪村いづみと「3人娘」を結成、何本も映画を撮った。他の2人については次の項で述べたい。

ひばりを嫌いな理由のひとつに、母親の喜美枝の存在がある。一時も娘の傍を離れないステージママの典型で、見るからに口うるさそうなおばさんだった。マネージャー兼プロデューサーを任じる喜美枝は、ことあるごとに口を出したという。

また、後に指定暴力団となる神戸の山口組三代目組長、田岡一雄に可愛がられ、33年には山口組系の芸能会社、神戸芸能の専属歌手になったのも気に入らない。37年に日活のスター俳優、小林旭と結婚（母親の反対で籍は入れていなかった）、間もなく離婚したが、これにも田岡組長が後見人として関わっていた。

40年、「柔」でレコード大賞を受賞。41年には名曲、「悲しい酒」を、１４５万枚売り上げる。台詞入りの歌で泣かせると言われるが、私は泣けなかった。むしろ、芸能生活20周年の記念曲、「芸道一代」の方が泣ける。西條がひばりのために久々に書き、ひばりだけでなく母親のことまで歌詞に入れている。ご祝儀の意味があったのだろう。

この年、エレキギターの伴奏でグループサウンズ風の「真赤な太陽」をミニスカート姿で歌い話題を呼んだ。シャープス＆フラッツのバンドマスター、原信夫の作曲で、実にノリがいい。ＧＳの覇者、ブルー・コメッツの伴奏で歌ったのをテレビで観たとき、「この曲はいい！」と好感を抱いた。

しかし、その後がいけない。不肖の弟、かとう哲也が山口組系組織の幹部となっていたことで、全国の公共施設がひばりの公演に貸すことをボイコットした。肉親の情ゆえにかばうひばりを、私はますます嫌った。

56年、終生ひばりの庇護者であった喜美枝と田岡一雄が相次いで死去。翌年には親友の江利チエミが、58年には哲也を亡くした。そして60年に肝機能障害で入院治療と、悪いことばかり続く。

こうなると、判官贔屓の私としては応援したくなる。というのも、回復後の61年に出した「愛燦燦」と62年の「みだれ髪」に打ちのめされたからだ。「愛燦燦」は小椋佳の作品で、「みだれ髪」の作詞は星野哲郎、作曲は船村徹だ。船村はそれまでひばりに「哀愁波止場」、「波止場だよ、お父つぁん」などを書いていたが、ひばりの晩年に傑作をものにした。ギターの前奏も含めて、メロディが素晴らしい。星野の歌詞も名人芸で、舞台となった塩屋の岬には歌碑がある。

63年には最後のシングル、「川の流れのように」をレコーディング。4月には東京ドームで不死鳥コンサートを開いた。このときの映像はたびたびテレビで放送されるが、ひばり本来の歌声ではない。病気による衰えをテクニックで補っている印象が強い。

それから1年後、年号が平成に変わった年の6月24日に死去。享年52だった。生涯のレコーディング曲は１５００曲、その中にはジャズのスタンダードナンバーもある。
没後に国民栄誉賞を受賞した歌手は、ひばりしかいない。

江利チエミと雪村いづみの歌唱力

チエミは昭和12年、アコーディオン奏者の久保益雄と女優の歳子との間に生まれた。10歳の頃から父親に付いて米軍キャンプを回り、ジャズを歌っていたというから、ひばり同様早熟である。父親の売り込みで、キングレコードのテストを受けた際、「テネシー・ワルツ」を巧みに歌い、ディレクターを感心させる。

27年のデビュー曲も「テネシー・ワルツ」で、歌の半分を日本語の歌詞にしたことでヒットした。28年にはオリジナル曲「思い出のワルツ」がヒット、ひばり、いづみと3人娘を結成し人気が出る。

その後、日本調の「さのさ」が評判になった。江戸の俗曲「さのさ」は、父親の益雄が伴奏を務めていた人気芸人、柳家三亀松の十八番で、チエミを娘のように可愛がった三亀松の直伝だ。

34年に東映の若手俳優、高倉健に見初められて結婚。高倉28歳、チエミ22歳の年である。熱々の夫婦仲だったが、39年に異父姉のと志子が突然訪ねてきたことで運命が変わる。と志子に母の面影を見出したチエミは、同居させて金銭の管理を任せた。ところが、と志子は最初から幸せな妹に嫉妬して騙すつもりだったようで、46年に預金、貴金属などを持ち逃げしたばかりか、多額の借金を残して失踪した。

借金返済を高倉がかぶらないように、自ら離婚を申し出て、夫婦は愛し合いながら別れた。42年に出した「ひとり泣く夜のワルツ」という歌は、当時のチエミの心境を歌ったものだ。題名から察していただきたい。

49年、オリジナルとしての代表曲、「酒場にて」が世に出る。チエミの邦楽的節回しが、絶妙な哀感を醸し出した。この曲は近年も多くの女性歌手が好んでカバーする。しかし、チエミを超える者はいない。

その後、ミュージカル女優として、『マイ・フェア・レディ』のイライザが当たり役になった。

57年2月13日、独り暮らしの自宅マンションで脳卒中を発症、吐しゃ物を喉に詰まらせ窒息死した。享年45。深酒が原因とも囁かれた。それもあって、「酒場にて」を聴くと、よけい哀しくなるのだ。

葬儀の日、高倉は本名で供花を出し、会場から離れたところでそっと手を合わせたという。それが健さん流のお別れで、毎年命日に墓参りしていたのも健さんらしい。

雪村いづみは歌謡曲でなく、ジャズ、ポピュラーソングの歌い手なので、本書で取り上げるべきではないのだが、ひとつだけ触れたい。

数年前に、私の親友で映画評論家の島敏光（ジャズ界の草分け、笈田敏夫の息子）から、「いづみさんのリサイタルの司会を頼まれたので見に来ない？」と誘いがあった。いづみの歌を生で聴いたことがなかったので喜んで出かけた。カバー曲の「青いカナリヤ」、「ケ・セラ・セラ」など、歌唱力の確かさに唸ったものだ。

さらに、チエミとひばりの思い出話をした後、「テネシー・ワルツ」と「愛燦燦」を歌った。「テネシー・ワルツ」はお手のものだろうが、「愛燦燦」が素晴らしかった。この歌も多くの歌手がカバーしているが、私が知る限り、雪村いづみのが最高である。ひばりとチエミは早世したけれど、いづみはご健在だ。島敏光の話では、歌うのはもう無理らしい。それでも、お元気でいるのは喜ばしいことだ。

島倉千代子の澄んだ歌声

私の母は島倉千代子の大ファンだった。名前が同じ千代子だったこともある。「歌を聴いていると、胸がスーッとするのよ」と言って、暇さえあれば彼女のレコードを聴いていた。そのせいで私も好きになった。

島倉は昭和13年品川区生まれ。29年に『第5回コロムビア全国歌謡コンクール』に初出場して見事優勝した。翌年のデビューが決まっていたが、曲は未定であった。そんな折、北条誠の小説、『この世の花』の映画化が決まり、その主題歌を西條八十が頼まれた。人気歌手のコロムビア・ローズが歌う予定だったが、売れっ子は忙しくてレコーディングの時間が取れない。映画はクランクアップが迫っていて、主題歌を急いでいた。

そこで新人の島倉に白羽の矢が立った。レコーディングしてみると、澄んだ高音がメロディと合って、「まるで彼女に誂えたようだった」と、後に西條が語っている。

このデビュー曲がいきなりミリオンセラーの大ヒットとなる。続いて西條が書いた「りんどう峠」は、最後の〝ハイノ、ハイノ、ハイノ、ハイ〟というところが実に愛らしい。この歌もよく売れて、人気歌手の仲間入りをする。

31年には、「逢いたいなァあの人に」、32年に「東京だヨおっ母さん」が大ヒットする。野村俊夫の詞に船村徹が曲を付けたこの曲は、冒頭と間奏に、母親に語りかける台詞が入る。これが泣かせるのだ。「戦後は終わった」と言われた年、戦争で死んだ兄のため、母親と靖国神社へ詣でる詞の歌があったことに注目したい。

33年の「からたち日記」もいい。作詞は西沢爽、作曲は遠藤実。続くヒット曲、「襟裳岬」は丘灯至夫の作詞、「星空に両手を」は神津善行作曲、「恋しているんだもん」の作曲は市川昭介と、島倉は作家に恵まれた。

36年、歌謡ショーの最中、ファンが投げた紙テープが目に当たり、あわや失明の危機に。その後、悪いことが続く。阪神タイガースのスター選手と結婚するが５年で離婚。

知人の保証人になったことで10数億円の負債を背負わされる。莫大な借金を返済するため、必死で地方巡業をして回った。そんな中で「ほんきかしら」（岩谷時子の作詞）がヒット、戦前に東海林太郎が歌った「すみだ川」がリバイバルヒットして、6年後に完済してしまう。

立ち直った島倉は、62年に代表曲となる歌を得る。中山大三郎作詞、浜口庫之助作曲の「人生いろいろ」だ。島倉の心情そのものを表す歌詞で、聴く者の心を打った。中山は日本作詞大賞を、島倉はレコード大賞最優秀歌唱賞を受賞。後年、小泉純一郎が総理大臣のとき、国会答弁で、「人生いろいろ、会社もいろいろ」と言ったものだが、政治家ごときに名曲の歌詞を引用されて不愉快だ。

平成5年に乳がん手術を受け、以後も健康面で問題を抱えた。それでも前川清や鳥羽一郎らと、障害者のためのチャリティーコンサートに参加するなど、福祉活動に力を入れた。そのコンサートの様子をテレビで観たら、前川と「銀座の恋の物語」を、鳥羽と「矢切の渡し」をデュエットする島倉がとっても楽しそうでほほえましかった。

22年に肝臓がんになり、芸能生活60周年記念曲を南こうせつに依頼し、「からたちの小径」という曲が出来上がった。がんで弱っていたので、レコーディングは11月5日、自宅で行った。最後の力を振り絞るような歌声は、弱々しいけれど澄み切っていて、まさに「お千代さん」の歌であり、聴くと涙を禁じ得ない。

　3日後の8日に死去。享年75。歌に殉じた歌手の鑑といえよう。

坂本九はテレビで聴いた

「九ちゃん」と呼ばれ、親しまれた坂本九の代表曲といえば、誰もが「上を向いて歩こう」のメロディを思い浮かべるだろう。国内だけでなく、世界中で歌われた名曲である。

昭和16年川崎市生まれ。育ったのは花街で、三味線の音と小唄を子守唄代わりに聴いていた。長唄の師匠を父親に持つ私と同じ境遇なので親近感が湧く。体にしみ込んだ邦楽の節回しが、歌手になってから影響を与えたのは当然である。

　高校時代にバンドボーイになり、ジャズ喫茶に出入りするうち、ロカビリー歌手として33年8月に日劇で開催された『ウエスタンカーニバル』に出演する。同年にダニー飯田とパラダイス・キングの一員になり、ビクターと契約するが、35年に東芝レコードに移籍。ソロ歌手として「悲しき六十才」をヒットさせた。

続いて「ステキなタイミング」も大ヒット、NHKの『夢であいましょう』のレギュラーに抜擢される。その番組で作曲家の中村八大と作詞家の永六輔と出会い、36年に「上を向いて歩こう」が出来上がる。私が初めて聴いたのはその番組で、傍にいた父が、「この子、小唄の心得があるな」と言ったものだ。確かに、彼の歌には邦楽の節回しがまじっていた。

37年に同名の映画を観た。九ちゃんが主演で、若き日の吉永小百合、高橋英樹、浜田光夫が出ていた。少年鑑別所を脱走した若者が音楽を通じて更生の道を歩み出す物語で、九ちゃんの演技はなかなか巧かった。劇中歌として「上を向いて歩こう」が流れると、観客が一緒に歌ったのを覚えている。

38年にアメリカで、「ＳＵＫＩＹＡＫＩ」というタイトルで大ヒット、翌年にはアメリカ国内で売り上げ１００万枚を超え、日本人初のゴールデンディスクを受賞した。３人は、「六・八・九トリオ」と言われた。

さらに国内ではいずみたく・永六輔コンビによる「見上げてごらん夜の星を」も大ヒット。

「上を向いて歩こう」と「見上げてごらん夜の星を」は、東日本大震災やコロナ禍などの災厄に見舞われた際、人々を励ます歌として多くの人に歌われた。この歌でどれだけの方々が励まされたことか。名曲の力は想像を超える。

他のヒット曲としては、38年の「明日があるさ」がいい。青島幸男の作詞で九ちゃんにぴったりの曲だった。39年の「幸せなら手をたたこう」は子供たちも一緒に歌えた。40年の「涙くんさよなら」は浜口庫之助の作で、これも辛い経験をした人たちへの応援歌だ。

テレビはＮＨＫの連続ドラマ『若い季節』と日本テレビの『九ちゃん！』というバラエティーを楽しみに観ていた。私にとっては坂本九はテレビのスターであった。

昭和60年8月12日、日航機事故で死去。享年43だから、あまりに早すぎる死である。

ザ・ピーナッツは好きだけれど、こまどり姉妹はちょっと……

ザ・ピーナッツが好きだ。双子の姉妹が醸し出すハーモニーはたいへん美しく、耳に心地良い。

伊藤エミとユミは昭和16年愛知県に生まれ、名古屋市内の女子高校を2年で中退し、伊藤シスターズという芸名で歌っていた。33年に当時の渡辺プロ社長、渡邊晋にスカウトされ、社長宅に住み込んで、作曲家、宮川泰に師事する。34年のデビュー曲、「可愛い花」は宮川の編曲（作曲シドニー・ベシェ）だ。

同年にはフジテレビの歌番組『ザ・ヒットパレード』にレギュラー出演。海外ポップスが主の番組だったことで、ピーナッツもポップスをカバーするようになる。その代表曲が、カテリーナ・バレンテの「情熱の花」。これがヒットしたことで、しばらくはカバー曲ばかり歌っていた。

その間、映画に出演した。36年公開の東宝映画、『モスラ』に小美人の役で出て、劇中「モスラの歌」（作曲は古関裕而）を歌った。怪獣映画が好きだった私は、あの小美人が忘れられない。可愛らしかったけれど、「モスラの歌」の歌詞は意味不明だった。

オリジナル曲の最初のヒットは、37年の「ふりむかないで」。曲は宮川、作詞は岩谷時子で、〝イエー、イエ、イエ、イエー〟で始まる軽快な曲は、詞がなんとも色っぽく、当時中学生だった私に強烈な印象を残した。宮川・岩谷のコンビは、38年の「恋のバカンス」をはじめ、数々のヒット曲を生む。私が持っている『ザ・ピーナッツ全曲集』というアルバムは、「恋のバカンス」で始まる。

39年の「ウナ・セラ・ディ東京」はうって変わったバラードでうっとりさせる。これも岩谷の作詞で、私は「ウナ・セラ・ディ」の意味がわからなかったが、調べてみたらイタリア語で「黄昏どき」だった。

41年の「ローマの雨」は橋本淳作詞、すぎやまこういち作曲で、イタリア映画の主題歌みたいにムーディな曲だ。そして42年には「恋のフーガ」が大ヒットする。すぎやまこういちの曲だが、宮川の編曲が素晴らしい。ティンパニの音を効果的に使い、姉妹のハーモニーを引き立てる。43年の「恋のオフェリア」もしかり。ピーナッツは宮川に師事したことで成功したといえる。

45年の「大阪の女《ひと》」は歌謡曲の色が濃い。作曲は中村泰士。その後、ヒット曲は「情熱の砂漠」くらいしかなく、50年2月に引退会見、3月に『夜のヒットスタジオ』で特番「さよならピーナッツ」が放送され、4月のさよなら公演を最後に芸能界から身を引いた。当時2人は34歳。直後に姉のエミが、人気スターの沢田研二と結婚したことで、復帰することはなかった。

私は還暦を過ぎたザ・ピーナッツを見たかった。

同じ双子の姉妹ということで、こまどり姉妹を同列に並べたが、ヒット曲の数、人気、活躍度など、ピーナッツに及ぶべくもない。

こまどり姉妹こと並木栄子・葉子は、昭和13年、北海道の炭鉱地で生まれた。26年に上京、山谷の木賃宿に住み、浅草の飲食街を三味線を弾きながら流していたという。この下積み時代の逸話が貧乏くさくて嫌なのだ。

34年にコロムビアの社員にスカウトされ、「浅草姉妹」でデビューした。同年には「三味線姉妹」、36年には代表曲、「ソーラン渡り鳥」が大ヒットする。しかし、その後ヒット曲に恵まれず、いつの間にか芸能界から消えていった。

51年にNHKの『思い出のメロディー』で復活して、懐メロ番組の常連になった。平成に入って、私は歌謡曲の名司会者、玉置宏さんと懇意になり、あるとき、湯島のスナックに誘われた。〈スナックこまどり〉という看板を見たときは気づかなかったが、店に入ると、すっかりおばさんになった双子の姉妹を見て驚いた。玉置さんは昔、2人のショーの司会をしていたのだ。こまどり姉妹は歓待してくれ、「浅草姉妹」を歌って踊った。どちらが歌ってどちらが踊ったか、判別できなかったが。

そんなわけで、たいして好きでもなかったこまどり姉妹が好きになってしまった、というオチである。

歌手としての石原裕次郎と小林旭

裕次郎と旭。片や低音の魅力、片や高音の魅力。どっちが好きかと問われたら、2人とも好き、としか答えようがない。俳優としても歌手としてもだ。

裕次郎は昭和9年生まれ、歌手としてのデビューは31年の映画、『狂った果実』の劇中歌である。ウクレレで弾き語りする姿はよく知られている。32年公開の『嵐を呼ぶ男』で、ドラムを叩きながら歌った主題歌の大ヒットでブレイクした。同年の映画、『俺は待ってるぜ』、33年の『紅の翼』と『錆びたナイフ』も主題歌がヒットした。

私は映画と関係ない「俺はお前に弱いんだ」が好きだ。痺《しび》れるような低音で、間奏に台詞が入っているのが裕次郎の魅力を倍増させている。

「銀座の恋の物語」と「赤いハンカチ」は、裕次郎ファンなら誰でも一度はカラオケで歌ったことがあるはず。特に「銀座〜」はデュエット曲の定番としていまだに人気が衰えない。さらに、浜口庫之助という才人と組んだことで、多くの名曲が生まれた。「粋な別れ」、「夜霧よ今夜も有難う」、「港町・涙町・別れ町」、「恋の町札幌」。これらを続けて聴くと、裕次郎風に言えば、「イカす」し、「ご機嫌」なのだ。

デュエット曲では、浅丘ルリ子と歌った「夕陽の丘」もいいが、やっぱり本職の八代亜紀との「別れの夜明け」に軍配を上げる。日活が斜陽になり、映画に出なくなってからの歌としては、山口洋子作詞、弦哲也作曲の「北の旅人」が最高であろう。弦の特長であるギター伴奏が生きた傑作である。

歌の巧さを知るには、他の歌手の曲をカバーしたアルバムを聴くのがいい。裕次郎にも『石原裕次郎〜魅惑の歌謡曲を唄う〜』、『石原裕次郎カバーソング・コレクション』（カバーコレクション・シリーズ）などがあり、私が持っているアルバムには、「よこはま・たそがれ」、「今日でお別れ」、「東京午前三時」、「霧にむせぶ夜」、「くちなしの花」などが収録されている。何を歌っても裕次郎節で、オリジナルの歌手とは違った味わいがあった。


旭は昭和13年生まれ。母親が小唄と端唄のお師匠さんだった。坂本九同様、旭の節回しは小唄の影響を受けていたのだ。

歌手デビューは33年の「女を忘れろ」。同年に「ダイナマイトが百五十屯」がヒットして、「歌う映画スター」の仲間入りをした。「ダイナマイト〜」の作曲は「別れの一本杉」、「王将」の船村徹で、同じ作曲家の作品とは思えないアップテンポの曲だ。

34年には映画、『銀座旋風児』と『ギターを持った渡り鳥』の主題歌を歌った。その後、渡り鳥シリーズの劇中歌として、「ダンチョネ節」や「ズンドコ節」、「アキラのツーレロ節」など、民謡をアレンジした曲を軽快なリズムで歌っている。旭の高い声は民謡に合う。

私は36年の「黒い傷痕のブルース」と「北帰行」が好きだ。どちらもバラードである。39年には、「恋の山手線」と「自動車ショー歌」というダジャレを羅列したコミックソングを出したが、これはほんのご愛嬌で、評価外とする。

歌手として評価が高まったのは、45年に遠藤実の「ついて来るかい」がヒットしてからだ。翌年には「ごめんね」、「純子」と遠藤作品で連続ヒット。49年、ゴルフ場経営に手を出して莫大な借金を背負った際は、翌年に出した「昔の名前で出ています」(作詞は星野哲郎)の大ヒットで救われた。コンサートだけでなく、キャバレーのショーにも出まくって借金を完済した。

再び事業に失敗して借金ができた60年には、大瀧詠一作曲(阿久悠作詞)の「熱き心に」が大ヒット、またもや借金を返済してしまう。旭自身、「借金ができると、歌がヒットして救われる」と言っている。

一時期、結婚生活を送った美空ひばりが死んだ後、「惚れた女が死んだ夜は」を出した。杉本真人（すぎもとまさとは歌手としての芸名）の曲で、大ヒットとまではいかなかったが、個人的には、旭の持ち歌の中ではベストスリーに入る名曲と評価している。

平成に入って、小説雑誌のインタビューの仕事で小林邸を訪問した。世田谷区内の豪邸の応接間で、あこがれのスターを前にして、あがってしまったのを覚えている。そのとき、旭から「俺の節回しは、おふくろが唄ってた小唄の影響を受けてるんだよ」と聞いたのだ。直接会って人柄に触れ、すっかり参ってしまった。その日以来、私は裕次郎より旭の方が好きになった次第。

東映任侠スターは歌もいける

東映の任侠映画で、クライマックスの殴り込みのシーンに出演俳優の歌が流れるのが定番であった。昭和40年の高倉健主演、『日本侠客伝』シリーズの第3作『関東篇』で、北島三郎が「関東流れ唄」を歌ったのが最初と記憶する。アカペラのサブちゃんの歌が効果的で、印象に残るシーンになった。名匠、マキノ雅弘監督の演出である。

同年の『明治侠客伝 三代目襲名』では、主演の鶴田浩二が歌った。そして、『網走番外地』では高倉健が殴り込みに行く場面で同名の主題歌が、『昭和残侠伝』では「唐獅子牡丹」が流れた。北島は本職の歌手であり、鶴田も「赤と黒のブルース」や「街のサンドイッチマン」などヒット曲がある兼業歌手なので、巧くて当たり前だが、健さんの2曲には驚かされた。無骨な歌唱法なのに魅力があり、劇中に流れると拍手が起こったほどだ。私は「網走番外地」より「唐獅子牡丹」の方が好きだった。このシリーズはクライマックスで健さんと池部良が一緒に殴り込むのが売り物で、相合傘の道行に歌がぴたりと合っていた。

『兄弟仁義』シリーズは北島のヒット曲の映画化だから、出演した北島の歌が流れ、『男の勝負』シリーズでは主演の村田英雄の歌が流れるのは当然のこと。ただ、『極道』シリーズで、主演の若山富三郎が主題歌を歌い、とっても巧いのに驚いた。考えてみれば、弟の勝新太郎も『座頭市』の主題歌を歌っていた。兄弟の父親は長唄の杵屋勝東治。子供の頃から長唄の稽古をしていたわけで、喉の鍛え方が違う。若山の節回しはまさに長唄のものだった。勝は長唄の節も使うが、洋楽も歌えるテクニックを持っていた。「マイ・ウェイ」や「思い出のサンフランシスコ」などを器用に歌いこなす。

話を戻すと、健さんの歌より驚いたのは、43年公開の藤純子（現富司純子）初の主演作品、『緋牡丹博徒』で、藤自身が主題歌を歌ったことだ。はっきり言って巧くはない。しかし、彼女の歌声は不思議と心に響いた。子分の待田京介を従えて殴り込みに行くシーンで歌が流れると、「唐獅子牡丹」と同じように、客席から拍手が起こった。そのとき以来、「緋牡丹のお竜」は最も好きなヒロインになった。

44年には菅原文太の主演シリーズ、『関東テキヤ一家』が始まり、文太が同名の主題歌を歌った。なかなか味のある声と節だった。その後、文太は『トラック野郎』シリーズの主題歌、「一番星ブルース」を歌い、『菅原文太ベスト』というアルバムと、『男の詩　旅立ち　放浪』という題のカバーアルバムまで出した。ディック・ミネの「夜霧のブルース」、「人生の並木路」、林伊佐緒の「ダンスパーティーの夜」などが収録されている。歌うのが好きだったのかも知れない。

健さんファンには『決定版！高倉健』というアルバムをお勧めしたい。歌の間に映画のワンシーンの台詞が入っていて、歌を引き立てている。前述の歌以外では、「望郷子守唄」と「男の誓い」が好きだ。

鶴田は元海軍兵なので、『あゝ軍歌』というアルバムがいい。軍歌のオンパレードなので、軍歌が嫌いな人には、ヒット曲「傷だらけの人生」を聴いてほしい。吉田正の曲で、前奏と間奏に入る自嘲気味の台詞が鶴田に合っていた。テレビ東京の名物歌番組、『演歌の花道』に出たときは、着流しで、なぜか番傘を差したまま歌った。それがまたとってもかっこ良かった。

御三家では、橋、西郷よりも舟木一夫

御三家で真っ先にデビューしたのは、昭和35年の橋幸夫（当時17歳）である。歌謡曲ファンならご存じの「潮来笠」。37年には日活のスター女優、吉永小百合とのデュエット曲、「いつでも夢を」がヒットした。その頃の橋の曲で、私が一番好きなのは「江梨子」。一連の股旅演歌よりずっといい。

続いて38年に舟木一夫が、「高校三年生」で華々しくデビュー、いきなりミリオンセラーとなった。その後、「修学旅行」、「学園広場」、「仲間たち」と立て続けにヒット曲を出している。どの歌も皆で合唱できるのが特徴だ。

翌39年に西郷輝彦が「君だけを」でデビューして60万枚を売り上げ、「チャペルに続く白い道」、「十七才のこの胸に」と続く。西郷の特徴はビブラートで、なかなかの美声であった。この時点で御三家が揃い踏みしたわけだ。橋がビクター、舟木がコロムビア、西郷がクラウンと、レコード会社が違ったこともあって、互いにライバル意識を抱いたのは当然のことであろう。

西郷がデビューした年に、橋が「リズム歌謡」と称するアップテンポの、「恋をするなら」、「チェッ チェッ チェッ（涙にさよならを）」をヒットさせれば、舟木は正統派の青春歌謡、「あゝ青春の胸の血は」、「君たちがいて僕がいた」、「花咲く乙女たち」で対抗する。座付きの作曲家として、橋に吉田正がいれば、舟木には遠藤実がいた。一連の学園ものの作詞は丘灯至夫で、「花咲く乙女たち」の作詞は丘の師匠である西條八十。ちなみに橋の歌は同じ西條門下の佐伯孝夫で、一門同士が張り合ったことになる。

40年、41年のヒット曲としては、橋にリズム歌謡「あの娘と僕（スイム・スイム・スイム）」、「雨の中の二人」、「霧氷」があり、舟木には「北国の街」、「高原のお嬢さん」、「哀愁の夜」、「絶唱」（西條八十の作詞）がある。西郷には「恋人ならば」と、浜口庫之助の星三部作、「星娘」、「星のフラメンコ」、「願い星 叶い星」があって、三者三様、いずれも負けていない。西郷の最大のヒット曲、「星のフラメンコ」の前奏はトランペットのソロで始まり、フラメンコギターとカスタネットが入る珍しいメロディだ。「ハマクラさん」の傑作である。

41年のレコード大賞は、舟木の「絶唱」が本命視されていたが、当時の噂では、ビクターによる審査委員への多数派工作があって、橋の「霧氷」が大賞に選ばれたとか。舟木はよほど悔しかったと見え、以後長い間「絶唱」を歌わなかった。

橋は42年の「恋のメキシカンロック」以後のヒット曲は、ドラマ主題歌の「子連れ狼」があるくらい。舟木も42年の「夕笛」、46年の「初恋」だけで、西郷に至っては時代劇俳優に転向したこともあって、ヒット曲が途絶えた。御三家が張り合っていた期間は短かった。

私の一の贔屓は舟木である。平成に入って新橋演舞場で座長公演を催した際、歌謡ショーの司会が玉置宏さんだったこともあり、毎年観に行っていた。近年も、中野サンプラザや日生劇場で開かれるコンサートに出かける。

玉置さんは３人と親しいことで、平成3年に『御三家コンサート』を全国で開催する企画を実現させた。私も東京国際フォーラムでの公演を観に出かけたが、次々に歌われるヒット曲がただ懐しく、青春時代に戻ったような気がした。

その後、玉置さんが手を引くと、なぜか橋の代わりに三田明が入って、『ビッグ３コンサート』として全国を回っていた。三田の「美しい十代」もまた青春歌謡の名曲だ。

蛇足であるが、三田の本名は辻川潮といい、私と一字違いである。

3人娘では、中尾ミエ、園まりよりも伊東ゆかり

初代3人娘は美空ひばり、江利チエミ、雪村いづみで、２代目が中尾ミエ、園まり、伊東ゆかりである。一番年長は昭和19年生まれの園で、21年の中尾、22年の伊東の順。

３人とも渡辺プロに所属であった。38年、フジテレビの歌番組『スパークショー』のレギュラーとして出演する際、「スパーク３人娘」と称して売り出したのが３人娘の成り立ちだ。

『スパークショー』は、アメリカンポップスの日本語版が中心だったため、３人ともポップスばかり歌っていた。中尾が「可愛いベイビー」、園が「太陽はひとりぼっち」、伊東が「恋の売り込み」などをヒットさせた。その後、伊東はカンツォーネも歌うようになり、ジリオラ・チンクエッティの「夢見る想い」、「恋する瞳」、「愛は限りなく」などが知られる。私はその頃から伊東ゆかりのファンである。

オリジナル曲となると、中尾には「片想い」、園には「何も云わないで」、「逢いたくて逢いたくて」、「夢は夜ひらく」があるが、質量ともに伊東が勝る。42年の「小指の想い出」、43年の「恋のしずく」が代表曲で、『伊東ゆかり全曲集』というアルバムには、この2曲の他、「あの人の足音」、「星を見ないで」、「朝のくちづけ」、「知らなかったの」が収録されている。また、前述のカンツォーネと、「ヴァケーション」、「ロコモーション」、「ビー・マイ・ベイビー」、「ネイビー・ブルー」といったオールディーズも入っているのでお勧めの1枚だ。

私は伊東が渋谷のパルコ劇場で毎年開いていたコンサートに欠かさず出かけていた。時々、「百万本のバラ」や「18歳の彼」などのシャンソンも歌っていた。アンコール曲の「愛は限りなく」ののびやかな歌声と表現力は彼女ならではのもので、聴くたびに痺れた。

伊東と中尾は『ザ・ピーナッツトリビュート』というアルバムを出している。渡辺プロの先輩、ザ・ピーナッツに対するリスペクトにあふれたもので、ご両人が歌う「恋のバカンス」や「情熱の花」、「ウナ・セラ・ディ東京」はザ・ピーナッツとはまた違ったハーモニーを醸し出し、傑出したカバーアルバムに仕上がっている。

3人娘は平成に入って再結成され、定期的にコンサートを開催した。私は都内の公演をほとんど観ている。伊東の歌だけでなく、中尾が「今や3人婆よ」と笑わせるのも好きだったし、園の控え目な雰囲気も良かった。3人ともいまだ健在なので、再々結成を待ち望んでいる。

伊東は近年、カバーアルバムを2枚出しており、『メモリーズ・オブ・ミー』では

「小指の想い出」と「恋のしずく」をジャズっぽいアレンジでセルフカバーしたり、中尾の「片想い」と園の「逢いたくて逢いたくて」を歌っているのがご趣向。『メモリーズ・オブ・ミー2』では、丸山圭子の「どうぞこのまま」、ハイ・ファイ・セットの「フィーリング」、大橋純子の「シルエット・ロマンス」などがいい。

令和元年には渋谷のホテル内にあるライブハウスに、伊東のジャズコンサートを観に出かけた。幼い頃から、ミュージシャンの父親に付いて米軍キャンプを回り、英語でスタンダードナンバーを歌っていたくらいだから、英語の発音が抜群だ。歌謡曲、ジャズ、カンツォーネ、シャンソンと幅広い芸域は、ちあきなおみに匹敵する。

花の名前が入った名曲10選

「同期の桜」　鶴田浩二
「湯島の白梅」　小畑　実
「黒百合の歌」　織井茂子
「唐獅子牡丹」　高倉　健
「からたち日記」　島倉千代子
「アンコ椿は恋の花」　都はるみ
「アカシアの雨がやむとき」　西田佐知子
「シクラメンのかほり」　布施　明
「赤いスイートピー」　松田聖子
「サルビアの花」　早川義夫

第2章

ムード歌謡というジャンル

フランク永井と松尾和子の甘い歌声

ムード歌謡とは、歌謡曲にジャズ、ラテン音楽、ハワイアン、タンゴなど洋楽のテイストを加味した歌と定義する。その第一人者とも言うべきフランク永井は、元ジャズ歌手だった。

昭和7年生まれで、20代から米軍キャンプを回りながら、ナイトクラブで歌っていた。30年、『素人のど自慢』(日本テレビ系)に出演して年間ベストワンに選ばれたのをきっかけに、ビクターからデビュー。「低音の魅力」というキャッチフレーズはこのとき生まれる。

最初のヒットは32年の「東京午前三時」で、同年には「夜霧の第二国道」と「有楽町で逢いましょう」を大ヒットさせている。33年には「羽田発7時50分」、「西銀座駅前」がヒット。以上の曲名にはすべて都内の地名が入っている。それはフランクが、都会的な雰囲気だったからであろう。

同年、初めて「こいさんのラブ・コール」で舞台を大阪に移した。白眉は「ラブ・レター」だ。低音の魅力で〝アイ・ラブ・ユー〟と囁くように歌うのがたまらない。当時の女性ファンが痺れたのもわかる。

34年には、「夜霧に消えたチャコ」がヒット。〝チャコ　チャコ〟と呼びかけるところがいい。そして同年、いまだにカラオケで人気があるデュエット曲、「東京ナイト・クラブ」を松尾和子と歌う。この章の付記として、「デュエットソングの名曲10選」を記しているが、私はこの曲こそベストワンだと思っている。

35年の「東京カチート」と「好き好き好き」も良かったが、36年の「君恋し」が勝る。昭和３年に二村定一が歌った曲のリバイバルで、フランクが歌ったことで大ヒットした。

翌年には「霧子のタンゴ」がヒットしたものの、その後はしばらく低迷期間が続く。52年に「おまえに」が久々にヒットしたくらいで、あとは53年の「公園の手品師」くらいしか思い浮かばない。

60年に自殺未遂を起こし、カムバックすることなく平成20年に長い闘病生活の後、死去する。享年76。自殺未遂など起こさなければ、懐メロ歌手として引っ張りだこだったろうに、くれぐれも惜しまれる。

松尾和子は昭和10年生まれ、赤坂のナイトクラブで歌っているところをフランクに見い出され、同じビクターの専属歌手になる。34年のデビューに際し、レコード会社はヒットメーカーの吉田正・佐伯孝夫コンビに曲を依頼した。さらに、A面の「グッド・ナイト」を和田弘とマヒナスターズと、B面の「東京ナイト・クラブ」をフランクとデュエットさせる。この売り出し策が功を奏し、2曲ともヒットして、松尾はたちまち人気歌手になった。どちらの曲も松尾の囁くような声音を生かした歌に仕上がっており、人気が出たのもうなずける。

同年の「誰よりも君を愛す」もまたマヒナスターズとの共演で、ソロ歌手としての最初のヒットは、35年の「再会」まで待たねばならない。吉田・佐伯の傑作で、罪を犯した女が監獄の窓からシャバを想う、という劇的なシチュエーションが衝撃的だった。

その後は、39年にマヒナスターズと歌った「お座敷小唄」と、41年の「銀座ブルース」くらいしかヒットはなかったが、フランクと共に、記憶に残る歌手といえる。

西田佐知子の名曲は今も歌い継がれる

西田佐知子が関口宏と結婚したことで芸能界から身を引いたことを知っている方は、かなり年配であろう。昭和14年大阪生まれで、31年にデビュー。当初はポップスのカバー曲ばかり歌っていた。そのうちの1曲が36年の「コーヒー・ルンバ」で、テンポのいい曲と歌詞の面白さでヒットした。令和の時代になってもカバーする歌手が多いということは、まったく古臭さを感じないからであろう。

オリジナル曲では35年の、「アカシアの雨がやむとき」が代表曲だ。ポップスを歌っていたことで、歌声と節回しに洋楽の要素が含まれる。西田の曲は、現役の歌手が好んでカバーする。39年の「東京ブルース」、40年の「赤坂の夜は更けて」、46年の「女の意地」などで、「赤坂～」に至っては何人の歌手がカバーしたことか。私が知ってるだけでも、フランク永井、松尾和子、ちあきなおみ、青江三奈、石原裕次郎、ロス・インディオスがカバーアルバムに入れている。

それだけいい曲が多い中、私はあえて、カバーされていない37年の「死ぬまで一緒に」、38年の「エリカの花散るとき」、42年の「涙のかわくまで」の3曲を、「西田ならではの代表曲」として挙げる。是非とも聴いていただきたい。

ムード歌謡コーラスグループの元祖は、和田弘とマヒナスターズ

マヒナスターズのリーダー、和田弘は、ハワイアンバンドのバッキー白片とアロハ・ハワイアンズのメンバーで、スチールギターの奏者だった。独立してマヒナスターズを結成したのは昭和29年で、ボーカルの松平直樹とギターの日高利昭が結成時のメンバーである。後にウクレレの佐々木敢一、ボーカルの三原さと志、ベースの山田競生が参加して、6人のオリジナルメンバーが揃った。

32年のデビュー当初は、同じビクター専属歌手のカバー曲ばかりだった。オリジナル曲としては、33年の「泣かないで」が最初のヒットで、歌謡曲にハワイアンのテイストを含ませたマヒナならではの名曲（作曲は吉田正）といえる。和田のスチールギターと三原の甘い歌声が魅力で、ワンフレーズだけ、佐々木が得意のフォルセット（裏声）で

歌うのがいい。

　マヒナは女性の新人歌手とデュエットして売り出しに貢献した功績がある。代表曲は松尾和子との「グッド・ナイト」と「誰よりも君を愛す」だ。36年には多摩幸子との「北上夜曲」、37年には吉永小百合との「寒い朝」、38年には三沢あけみとの「島のブルース」、40年には田代美代子と「愛して愛して愛しちゃったのよ」と、毎年のようにデュエット曲をヒットをさせ、女性歌手を引き立てているのは称賛に価する。

　41年に出した「涙と雨にぬれて」は田代との、「銀座ブルース」は松尾とのデュエット曲で、どちらも松平の甘い歌声が素晴らしい。ちなみに、松平は立川談志師匠の飲み仲間で、師匠は2つ年上の松平を「アニさん」と呼んでいた。私も何度かお会いして、生歌を聴いたことがある。その歌声は、「さぞや女性にもてただろう」と思わせた。

　マヒナは昭和40年、50年代、これといったヒット曲はなく、メンバーが独立したり復帰したりを繰り返したが、平成に入って、再び6人のオリジナルメンバーが結集した。紅白歌合戦で「誰よりも君を愛す」を歌い、35周年記念リサイタルを開くなど活動を再開する。そのリサイタルをユーチューブで観たが、改めて三原と松平の歌の巧さに感服したものだ。

平成16年に和田弘が亡くなってからは、松平を中心に新メンバーのザ・マヒナスターズとして活動している。松平の美声は80歳を過ぎても健在である。

銀座といえばロス・プリモス

黒沢明とロス・プリモスは、昭和36年にラテンコーラスグループとして結成された。40年にリードボーカルの森聖二を迎えたことで、5人のオリジナルメンバーが揃いレコードデビューする。A面が「涙とともに」でB面が「ラブユー東京」。1年後、「ラブユー東京」がじりじりとヒットして、急きょAB面をひっくり返して再発売、大ヒットとなる。

42年には「信濃川慕情」、「新潟ブルース」、「生命のブルース」と連続ヒット。どれも森のボーカルが酔わせる。さらに銀座シリーズ第1弾「雨の銀座」が世に出た。この曲こそがロスプリの代表曲だと私は思う。ラテン出身らしく、裏声を使った森の歌が素晴らしい。

43年の「恋の銀座」と「たそがれの銀座」で「銀座３部作」が完結する。この年は「城ケ崎ブルース」と「さようならは五つのひらがな」もヒットした。44年の「君からお行きよ」、「夜霧のインペリアル・ロード」、「ヘッドライト」もいい。

それ以後は、49年の「せめてお名前を」と54年の「小さなお店をもちました」くらいしかヒットがないが、「小さな～」は星野哲郎の歌詞が秀逸なので是非聴いてほしい。店をやめたホステスが馴染み客に、自分の店を持ったことを知らせるという内容で、「昔の名前で出ています」を書いた星野ならではの詞である。

２００９年４月に黒沢が死去、後を追うかのように10月、森が亡くなった。メンバーを補充して、現在もロス・プリモスというグループ名で活動を続けているようだが、森が亡くなった時点で解散すべきだった。森あってのロス・プリモスだと思うから。

ロス・インディオスのラテンの味わい

昭和37年、棚橋静雄をリードボーカルとして結成されたラテンバンドがロス・インディオスだ。メンバーは5人で、「ラ・マラゲーニャ」や「ベサメムーチョ」など、当時大人気のトリオロス・パンチョスのヒット曲を歌っていた。棚橋のラテンナンバーを聴いたら、実に巧いので感心したものだ。

オリジナルのヒット曲は43年の「コモエスタ赤坂」が最初で、これもムード歌謡の名曲のひとつだ。棚橋はロス・プリモスの森同様、ラテンで会得した裏声を駆使する。同年の「知りすぎたのね」も裏声が生きる。棚橋以外のメンバーが数人入れ替わった現在、コンサートではこの2曲を歌わないと客が納得しない。

54年には、女性歌手シルヴィアとのデュエット曲、「別れても好きな人」が大ヒットする。カラオケで人気があるこの歌は、44年にグループサウンズのパープル・シャドウズが歌っていたが、さほど注目されなかった。それが10年たって、デュエット曲としてヒットするのだから面白い。紅白歌合戦ではシルヴィアが紅組メンバーに選ばれたことで、ロス・インディオスの男たちは紅組として出場した。

　その後、シルヴィアとは「それぞれの原宿」、「うそよ今夜も」というデュエット曲を出している。シルヴィアが引退してからは、相手の女性歌手をたびたび変えて、現在は9代目とか。それだけ長寿のグループということで、ご同慶の至りである。

鶴岡雅義のレキントギターが冴える東京ロマンチカ

　昭和30年代、鶴岡雅義は作曲家としてより、レキントギターの名手として有名だった。レキントギターは通常のクラシックギターよりもボディサイズが小さく、ネックが短く、高音が出やすいようにされている。鶴岡はその特性を生かした「二人の世界」という名曲を石原裕次郎に作っている。

　東京ロマンチカは昭和40年に結成され、42年にリードボーカルの三條正人が参加したことで、「小樽のひとよ」が大ヒットした。前奏のレキントギターが印象的な曲で、鶴岡の存在の大きさが示される。

続く「旅路のひとよ」の間奏には「小樽のひとよ」のメロディが入っているが、けして二番煎じではない。44年にはサブボーカルとして浜名ヒロシが参加、彼が歌った「星空のひとよ」がヒットした。同年の「北国の町」も舞台は北海道だった。

北国から離れたヒット曲としては、「君は心の妻だから」がある。これはなかにし礼の詞が素晴らしい。なかしには私にとって大学の先輩という身贔屓もあるが、西條八十に匹敵する天才作詞家と尊敬している。このあと何度もなかにしの作品が出てくるはずだ。

49年に三條が独立、ソロ歌手に転向したことで、浜名がリードボーカルになった。三條は53年に復帰、その4年後にまた独立するが、このあたりの事情はよくわからない。平成15年に三條が再々復帰したものの、21年に浜名が死去。29年には三條が亡くなった。鶴岡雅義は80を超えても健在で、東京ロマンチカは存続している。

クール・ファイブは前川清で持っていた

内山田洋とクールファイブは昭和42年に地元長崎のナイトクラブ〈銀馬車〉の専属バ

ンドとして結成された。43年にバンドボーイだった前川清がリードボーカルとして参加したことで、宮本悦朗、小林正樹、岩城茂美、森本繫のオリジナルメンバーが揃った。

44年に「長崎は今日も雨だった」でデビューし、いきなり大ヒットを飛ばす。45年の「逢わずに愛して」、同年の「愛の旅路を」、「噂の女」で独特の「前川節」が出来上がり、人気が沸騰する。

「噂の女」には有名なエピソードがある。作曲家の猪俣公章が前川に、「新曲ができたよ」と、山口洋子作詞の新曲を歌ってみせた。それは節回しがいかにも森進一で、森のために作ったのが見え見えだったという。それがなぜかクール・ファイブに回ってきたらしい。NHKの『新・BS日本のうた』で前川と森が共演した際、前川がその話をすると、森は笑って否定しなかったから事実であろう。そのとき、森は初めて「噂の女」を歌って前川を感服させた。そういう事情があるにしても、クール・ファイブの代表曲には違いない。

46年の「港の別れ唄」、「女のくやしさ」、「悲恋」もいい曲である。そして、47年には「この愛に生きて」と「恋唄」で全盛時代を迎える。どちらも阿久悠の詞と前川節が泣かせる。

49年の「海鳴り」、50年の「中の島ブルース」を経て、51年に内山田作曲の「東京砂漠」が世に出た。この歌は平成に入ってから、不動産会社のコマーシャルソングに使われたこともあり人気が衰えない。

その後のヒット曲で私が好きなのは53年の「さようならの彼方へ」と56年の「恋は終ったの」。「さようなら〜」は千家和也作詞、筒美京平作曲の傑作で、空港が舞台とあって、前奏とラストにジェット音を効果的に使っている。「恋は〜」は、〝バイヤ・コンディオス・ミ・アモール〟というスペイン語の歌詞を前川節で歌うのが面白い。

59年の「恋さぐり夢さぐり」を最後に、ヒット曲が途絶え、62年には前川が気胸を患ったこともあり低迷が続いた。平成に入ると宮本と小林が脱退、前川が独立してグループは崩壊した。

平成18年、内山田が肺がんで死去すると、まるで供養のように前川が他のメンバーに呼びかけて、紅白歌合戦限定で再結成し、ひさしぶりにオリジナルメンバーが顔を揃えた。翌年には前川清&クール・ファイブとして「恋唄　２００７」を出した。ちなみに、前川が馬主の競走馬の名前は「コイウタ」であった。

それからも、前川のコンサートに特別出演することで、クール・ファイブは存続している。

敏いとうとハッピー&ブルーの森本英世は今も健在

敏いとうとハッピー&ブルーは46年に結成された。48年、リードボーカルに森本を迎え、翌年「わたし祈ってます」でデビュー。いきなり40万枚を超えるヒットを飛ばした。24年生まれの森本は、44年に歌手デビューして、人気アニメ『タイガーマスク』の主題歌を歌った。アニメソングよりムード歌謡が向いていたようで、「わたし祈ってます」は、女性が恋人に甘えるような声音でうっとりさせる。ムード歌謡の名曲として認知されたのも、森本あればこそだ。

52年の「星降る街角」にしても、以前レコーディングされた歌を森本のリードボーカルで再録音したことによって大ヒットした。54年のヒット曲、「よせばいいのに」は三浦弘とハニー・シックスとの共作だったが、森本の方が格段にいい。

森本は58年に独立してソロ活動を始める。以後の歌では、島津ゆたかとの共作、「ホテル」が最高だ。なかにし礼の歌詞は、愛人を持った経験がある男にはちょっと怖い。なにせ、愛人がこっそり男の自宅を覗くという歌詞なのだ。妻子ある男との不倫関係は、ムード歌謡に多い設定である。

森本がカバーした曲としては、箱崎晋一郎の「抱擁」が泣かせるし、斎条史朗の「夜の銀狐」も森本の甘い歌声にマッチしている。平成21年には芸能生活40周年のリサイタルを開き、新たなアレンジで「わたし祈ってます」と「星降る街角」をリリースした。

森本英世はいまだ健在である。

青江三奈の色っぽいハスキーボイス

戦前からの人気歌手、淡谷のり子は「ブルースの女王」と言われた。青江三奈は戦後の「ブルースの女王」と言っていい。

昭和16年生まれで、高校時代から銀座のシャンソン喫茶〈銀巴里〉で歌っていた。高校卒業後、西武百貨店勤務を経てクラブ歌手になり、41年に川内康範作詞、浜口庫之助作曲の「恍惚のブルース」でデビューする。青江三奈という芸名は、作家でもある川内が当時週刊誌に連載していた『恍惚』という小説のヒロインの名である。

デビュー曲がいきなりヒット、43年には「伊勢佐木町ブルース」で人気が沸騰した。前奏の〝アン、アン〟という色っぽい声で始まる歌は衝撃的だった。〝シュビデュ、シュビデュビ、シュビデュワ〟というスキャットが斬新で、レコード売り上げ１００万枚を突破したのもうなずける。伊勢佐木町に歌碑が建てられたくらいご当地に愛された曲だ。

さらに同年には「長崎ブルース」が１２０万枚の大ヒット、当たり年であった。以上の3曲はいずれも「〜ブルース」なので、「ブルースの女王」と呼ぶにふさわしい。

44年の「池袋の夜」は１５０万枚売れただけあって、ブルースが付かない歌では青江の代表曲といえる。青江は前年に続き日本レコード大賞歌唱賞を受賞した。私は「池袋の夜」が一番好きだ。大学が池袋にあり、土地に馴染んでいることもあり、美久仁小路や人生横丁などの飲み屋街が出てくるのも嬉しい。学生時代、酔っぱらった友達がこの曲をよく歌っていたっけ。そういえば、青江は元、池袋西武の店員だった。

空港のアナウンスとジェット音で始まる「国際線待合室」もまた、青江ならではの曲である。この時期が青江の全盛時代といえる。以降はヒット曲に恵まれなかったが、平成2年には25周年記念アルバム『レディ・ブルース』でレコード大賞優秀アルバム賞を受賞、紅白歌合戦にも出場し、この年に亡くなった浜口庫之助を偲んで「恍惚のブルース」を歌った。

平成12年、膵臓がんで死去。享年59は早世である。

妖しい毒花、美川憲一の世界

オネエキャラが際立つことで、美川憲一をゲテモノ扱いする向きがあるが、とんでもないことだ。実力派歌手を「ぞんざいに扱うな」と強く言いたい。

昭和21年生まれの美川は、美青年であったことから、40年のデビュー当時は青春歌謡で売り出した。しかし、ヒット曲が出ない。転機になったのは、41年に岐阜の盛り場、柳ケ瀬を流して歩く演歌師が作詞作曲した「柳ヶ瀬ブルース」を歌ったこと。青春歌謡から演歌への転身は迷いもあったろうが、美川の低音は演歌に合っていた。これが１２０万枚の大ヒットとなり、たちまち知名度が高まった。

42年の「新潟ブルース」、43年の「釧路の夜」の連続ヒットで人気歌手の仲間入りをする。以上の３曲はご当地ソングで、平成に入ってからそれぞれの地に歌碑が建立された。人気の度合いがうかがわれる。

45年に「おんなの朝」、46年には「お金をちょうだい」がヒット。47年に美川の代表曲、「さそり座の女」が大ヒットする。星占いブームのきっかけになったというから、社会的影響を与えた曲といえる。捨てた男を脅すような歌詞が印象的だった。

その後、低迷期が続いて、物まねタレントのコロッケが美川の歌真似をテレビで演じたことで注目されるようになり、オネエキャラが面白がられる。平成に入って、金鳥のテレビコマーシャルに起用され、「おだまり！」といったオネエ言葉で一層キャラクターが際立ってしまった。

それでも私は美川の歌唱力を高く評価する。平成11年からシャンソンを歌いはじめ、

「愛の讃歌」などは越路吹雪に匹敵するほど巧い。まだ枯れる年ではないので、今後も活躍を続けてもらいたい。

菅原洋一のムード歌謡を絶賛する

好きな歌手のコンサートを観に行くのは、CDやユーチューブで聴くのとはまた違った楽しみがある。大好きな歌を生で聴いて陶酔するのは至上の喜びといえる。私がこれまでコンサートに通った数が多い歌手のベストスリーを挙げると、布施明、菅原洋一、伊東ゆかり。つまり、菅原はお金を払っても聴きたい歌手の1人なのだ。

菅原は昭和8年兵庫県出身、国立音楽大学大学院修了という高学歴で、33年にタンゴバンドの専属歌手になった。レコードデビューは40年で、カントリー&ウエスタンが原曲の「知りたくないの」である。発売当初はエンリコ・マシアスのカバー曲、「恋心」のB面（訳詞はどちらもなかにし礼）だったが、2年後に「知りたくないの」がじわじわと売れ出したため、A面に変えて再発売すると80万枚も売れた。デビュー同様、ヒット曲が出たのも遅咲きであった。

その後は順調で、42年に永六輔・中村八大コンビの「芽生えてそして」がヒット。43年には「誰もいない」でレコード大賞歌唱賞を受賞。さらに、45年には「今日でお別れ」でレコード大賞を受賞する。この歌は私が最も好きなムード歌謡で、歌謡史に残る不朽の名作と位置付けている。なかにし礼の詞は、愛人と別れる哀しい女心を見事に表現していて、「この人は、どうしてこんなに女の気持ちがわかるのだろうか」と感服させる。特に2番がいい。

♪　最後のタバコに火をつけましょう
曲がったネクタイ　なおさせてね
あなたの背広や身のまわりに
やさしく気を配る胸はずむ仕事は
これからどなたがするのかしら

こんな歌詞は、なかにしでなくては書けない。彼を天才と断じる所以の曲だ。

同年には「愛のフィナーレ」がヒット、46年には「忘れな草をあなたに」をリバイバルヒット（38年に女性コーラスグループが歌った）させた。その後しばらくいい曲に恵まれなかったが、57年にシルヴィアとのデュエット曲、「アマン」が久々にヒットした。シルヴィアはロス・インディオスとのデュエット曲「別れても好きな人」が高く評価されていた。期待通り、愛人（アマン）の歌を官能的に歌っている。

平成元年の「風の盆」は、なかにし礼が作詞だけでなく作曲もした傑作。彼は越中八尾の夜祭り、おわら風の盆が好きと見え、石川さゆりに「風の盆恋歌」を書いている。私も一度観に行って魅了された夜祭りで、その情景を描いた歌詞は、思わず「巧いっ！」と言いたくなる。

平成に入ると、菅原はコンサートを定期的に催し、平成22年には「ビューティフルメモリー」という、なかにし作詞の曲（作曲は菅原の長男・菅原英介）をヒットさせた。2人の親しい付き合いは、デビュー以来ずっと続いていたようだ。

近年は歌謡曲のカバーアルバム、『和み〜86才の私からあなたへ』、『和みⅡ〜87才の私からあなたへ』をリリースした。石原裕次郎の「恋の町札幌」、ジェリー藤尾の「遠くへ行きたい」、大津美子の「ここに幸あり」などをカバーし、菅原ならではの味わいがある。

早世の人気歌手が多いのに、米寿を迎えようとしてなお健在なのは喜ばしい限りだ。令和になると、時折タンゴバンドのコンサートにゲスト出演して、若い頃に歌ったタンゴの名曲を歌っている。私はそのコンサートにも通うファンだが、好きなタンゴを歌う菅原の姿は、実に楽しげである。

デュエットソングの名曲10選

「東京ナイト・クラブ」　フランク永井&松尾和子
「グッド・ナイト」　松尾和子&マヒナスターズ
「銀座の恋の物語」　石原裕次郎&牧村旬子
「いつでも夢を」　橋幸夫&吉永小百合
「ふたりの大阪」　都はるみ&宮崎　雅
「居酒屋」　五木ひろし&木の実ナナ
「アマン」　菅原洋一&シルヴィア
「別れても好きな人」　ロス・インディオス&シルヴィア
「別れの夜明け」　石原裕次郎&八代亜紀
「カナダからの手紙」　平尾昌晃&畑中葉子

第3章

団塊世代の人気歌手とヒット曲

孤高の歌姫、ちあきなおみの歌世界

女性歌手で最も歌が巧いのは、ちあきなおみと断言する。桑田佳祐が「週刊文春」の連載エッセイ、「ポップス歌手の耐えられない軽さ」の中で、同じ説を唱えていたので、我が意を得た思いがした。

まずデビュー曲の「雨に濡れた慕情」からして凄い。昭和44年発売だから、ちあきが22歳の年。近年の歌手で言えば、団体で踊りながら歌っている小娘の年齢だ。それに比べて、22歳のちあきは、大人の歌詞を大人っぽく歌いこなしている。

そして47年、「喝采」でレコード大賞を受賞する。歌謡曲の司会者がよく、「歌は3分間のドラマです」などとのたまうが、この歌こそ、主人公の人生が描かれたドラマチックな内容である。作詞は後年も数々の名作をちあきに提供した吉田旺、作曲は中村泰士。大賞受賞曲だから、ちあきの代表曲と言われるのはしかたない。しかし、である。私は、「喝采を超える歌がたくさんある」と言いたい。

「別れたあとで」は、ひと晩の情事をアンニュイな雰囲気で歌ったもので、歌の主人公になり切った投げやりな感じがたまらない。演歌なら51年発売の「酒場川」だ。聴く者の心の琴線に触れ、涙腺を刺激するマイナー音階のサビの節を「泣き節」と言い、浪曲の節が原点であることは、三波と村田の項で述べた通り。泣き節に関しては、美空ひばりよりちあきの方が上だと思う。

「酒場川」のB面が「矢切の渡し」だったのをご存じか。発売当時は当然のことながら注目されなかったが、６年後の57年、大衆演劇の梅沢武生劇団で、武生と人気女形の弟、富美男がこの歌をＢＧＭにして踊ったことで注目された。さらに同年、ＴＢＳの連続ドラマ、『淋しいのはお前だけじゃない』の劇中歌として流れたことで、ちあきと細川たかしの作で、改めてレコーディングして発売、大ヒットしたのである。細川のもいいけれど、聴き比べると、やはりちあきの方がいい。あくまでも好みだが。

「酒場川」と「矢切の渡し」は、船村徹の作曲で、船村にはもう1曲傑作がある。それは63年発売の「紅とんぼ」。新宿駅西口の飲み屋、〈紅とんぼ〉が店を閉める最後の夜の歌で、吉田旺の詞が最高だ。「台詞は歌え、歌は語れ」と言ったのは名優、森繁久彌であるが、「紅とんぼ」のちあきがそうである。

♪　空にしてって　酒も肴も　今日でおしまい店仕舞
五年ありがとう　楽しかったわ　いろいろお世話になりました
しんみりしないでよ…ケンさん
新宿駅裏　紅とんぼ　想い出してね…時々は

「ケンさん」と、店の常連客に語りかけるように歌っているのがたまらない。まさに、ちあきの独壇場だ。ちなみに、2番が「しんちゃん」で、3番が「チーちゃん」である。すべての歌詞を知りたい方は、ネット検索して味わってほしい。

ちあきの巧さは、カバー曲を聴くとよくわかる。懐メロでは三橋美智也の「リンゴ村から」と春日八郎の「別れの一本杉」がいい。三舟英夫の「帰れないんだよ」は、あまり知られていない曲なのに、ちあきが歌ったことで脚光を浴びた。こういう例は、ちあき以外にはありえない。

ちあきは石原裕次郎の大ファンらしく、彼の曲も多くカバーした。63年にビクターからテイチクに移籍したのも、裕次郎が在籍していたからと言われる。移籍によって、カバーが可能になったわけだ。「夜霧よ今夜も有難う」は誰もが認めるところだが、私は「粋な別れ」と「口笛が聞こえる港町」を推す。まるでジャズのバラードのように歌っているのだ。ＢＳテレ東の「演歌の花道」の再放送で聴いたときは、あまりの良さに身震いした。

ちあきはビクターレコード時代に、ジャズ、シャンソン、ファド（ポルトガル民謡）のカバーアルバムを出している。私はファドのを持っているが、「霧笛」という歌が素晴らしい。ポルトガル民謡に演歌の泣き節を使っている。ボーナストラックとして日本の名曲、「星影の小径」と「港が見える丘」が収録されているのでお勧めの1枚だ。

テイチク移籍後の第1弾は、荒木とよひさ作詞、浜圭介作曲の「役者」で、円熟味が増してきた。さらに、前述の「紅とんぼ」でちあき節を完成させる。平成2年には杉本眞人作曲の「かもめの街」でファンをうならせた。

最後のテレビ出演は、平成4年のＮＨＫの歌番組だった。永六輔と中村八大コンビの名曲、「黄昏のビギン」（元歌は水原弘）を歌った。この歌はちあきがリバイバルヒットさせたことで多くの歌手がカバーしているが、誰もちあきを超えられない。

出演時、44歳だったちあきは芸能界を引退し、以後姿を現さない。夫の俳優、郷鍈治（宍戸錠の弟）と結婚し、郷が早世したショックからと言われている。表舞台から姿を消したことで、ちあきはレジェンドになった。

引退後もCDは売れ続け、平成31年発売のアルバム『微吟』がまた売れたというから驚く。このアルバムの中では「イマージュ」という歌がいい。

ちあきが他の歌手の曲を歌うと、時にオリジナルを超えたり、ひと味違ったムードを醸し出す。しかし、ちあきのヒット曲を他の歌手が歌っても、けしてちあきを超えることはない。「ちあきの前にちあき無し、ちあきの後にちあき無し」。故に、ちあきなおみこそ女性歌手ナンバーワンと断言する。

布施明の歌唱力、いまだ衰えず

菅原洋一の項で、これまでコンサートに出かけた数が多い歌手として布施明の名をあげた。平成に入ってから、中野サンプラザホールと渋谷のオーチャードホールで毎年催されるコンサートには欠かさず出かけている。所蔵のＣＤの数も半端でない。どこが好きかと問われれば、飛び抜けた歌唱力と表現力、持ち歌に名曲がたくさんあるからと答えよう。

昭和22年生まれで、高校在学中に日本テレビのオーディション番組、『ホイホイ・ミュージック・スクール』に出場して合格。渡辺プロにスカウトされ、40年に「君に涙とほほえみを」でデビューする。この曲はカンツォーネのカバーで、当時の布施はジャズ喫茶でポップスを歌っていた。

オリジナル曲のヒットは、41年の「おもいで」が最初で、42年の「霧の摩周湖」で注目を集めた。伸びと張りのある声を生かした平尾昌晃の傑作で、現在も歌番組やコンサートで必ず歌う代表曲のひとつだ。同年の「恋」、43年の「愛の園」、44年の「バラ色の月」、45年の「愛は不死鳥」と毎年ヒット曲があり、人気歌手の地位を確立した。

46年の「愛の終りに」、48年の「甘い十字架」、49年の「積木の部屋」もいい曲なのに、レコード大賞などの賞には恵まれなかった。それが50年、シンガーソングライターの小椋佳作詞作曲の「シクラメンのかほり」で初めてレコード大賞にノミネートされ、見事受賞する。

私が所有するレコードに、『シクラメンのかほりから』という題名のLPがある。12曲すべて小椋佳の作詞作曲で、どの曲も素晴らしい。普通、アルバムの収録曲は、付け足し的な曲があるものだが、すべていい曲なのが凄い。「あなたのために」、「ゆきどまりの海」、「たとえば」、「コスモスもきっと」、「祈りをこめて」など、タイトルを聞くだけで小椋佳の世界に誘われる。当時の小椋は、メロディと歌詞が泉のように湧き出ていたのかも知れない。クリエイターにはそういう時期があるものだ。その時期に布施が出会ったのは幸甚だった。

シクラメン以降、持ち前の歌唱力に加え、表現力が増した。従って、私の好きな曲は50年以降のものが多い。51年の「落葉が雪に」は布施自身の作詞作曲である。平成28年に発売された『50周年記念セルフカバー プレミアムセレクション～思いの丈すべて込め』の中、アコースティックギターの伴奏で歌うバージョンが最高なので、お買い求めの上、聴いていただきたい。

53年にリリースされたシンガーソングライター、大塚博堂の作品、「めぐり逢い紡いで」は、布施の表現力に磨きがかかった作品だ。〝束ね髪をふわり広げて〟とか、〝初めてつけたマニュキュアが　もろい　かける　割れる　はがれる〟といった歌詞を、哀感込めて歌える歌手は布施だけであろう。

54年の「君は薔薇より美しい」（門谷憲二作詞、ミッキー吉野作曲）は、ジャズのスタンダードナンバーのノリで歌っている。55年には、私が布施のナンバーの中で最も好きな「カルチェラタンの雪」（門谷憲二作詞、岡本一生作曲）を出した。ドラマチックな歌詞で、リリシズムに満ちた曲に仕上がっている。ＢＳ朝日の歌番組、『人生、歌がある』に出た際、バンドネオンの名手、小松亮太の伴奏で歌ったときは、あまりの良さに感動した。コンサートでも、この歌の前奏が始まると、拍手が起こるくらいファンに支持されている。

55年にイギリスの人気女優、オリビア・ハッセーと結婚したことで、アメリカに生活の拠点を移し、しばらく活動が途切れた。離婚してから国内で活動を再開すると、コンサートやライブを積極的に開くようになる。

平成22年の「1万回のありがとう」、26年の「夢でもいいから」、28年の「君に会いに行くよ」と、コンスタントにヒットを飛ばしている。コンサートでは、持ち歌だけでなく、カンツォーネ、ジャズ、シャンソン、ラテンナンバーと、幅広いジャンルの歌を聴かせてくれる。何を歌わせても巧いのが布施明だ。

何年か前、オーチャードホールでのコンサートで、20曲以上歌った後、アンコールに定番の「マイ・ウェイ」を歌い、最後にオペラ、「NESSUN DORMA・誰も寝てはならぬ」をアカペラで歌った。そのパワフルな歌声に度肝を抜かれ、そのとき私は、「布施こそが現役の中で最も歌が巧い歌手」と位置付けたのである。

令和3年、コロナ禍の中で、歌手生活55周年記念のリサイタルを開催した。60周年を楽しみにしている。

尾崎紀世彦の歌声は世界レベル

尾崎紀世彦は昭和18年生まれなので、正確には団塊世代とは言えないが、この章に入れたのは理由がある。布施明以前に、私が「最も巧い男性歌手」と認めていたのは尾崎だったから。

イギリス人とのクオーターという生まれからして、英語で洋楽を巧みに歌うのもうなずける。中学時代にハワイアンバンドを結成したというから早熟だ。38年にカントリーバンド、ジミー時田とマウンテン・プレイボーイズに参加、42～44年はザ・ワンダーズというバンドで活動していた。

45年、ソロ歌手として「別れの夜明け」でデビュー。この歌で作曲家の筒美京平と、翌年の「また逢う日まで」で作詞家の阿久悠と出会う。レコード大賞を受賞し、ミリオンセラーとなった「また逢う日まで」は尾崎の代表曲と言われるが、私個人としては、もっといい曲があると主張したい。たとえば、「さよならをもう一度」、「愛する人はひとり」、「あなたに賭ける」、「こころの炎燃やしただけで」、「しのび逢い」、「かがやける愛の日に」、「愛こそすべて」など、45年から49年までのヒット曲の数々は「また～」に劣らない。特に「別れの夜明け」は、間奏にイタリア語の語りが入っているのが素敵だし、筒美・阿久コンビの「しのび逢い」はメロディと歌詞が心に響く。

前述したように、外国のカバー曲を英語で歌わせると天下一品だ。以前、NHKのポップス番組で、布施明がトム・ジョーンズの「ラブ・ミー・トゥナイト」を歌った後、尾崎はエンゲルベルト・フンパーディンクの「太陽は燃えている」を歌って布施を圧倒した。そのとき私は、「布施よりパワフルな歌手」と認めたのだ。

52年に「五月のバラ」、57年に「サマー・ラブ」とヒットを飛ばしたが、以後は若い頃に戻り、カントリーやハワイアン、ジャズを歌って楽しんでいた。平成24年に肝臓がんで死去。享年69。

観に行ったコンサートで、アンコールに「さよならをもう一度」を歌い、間奏に指笛を吹いてメロディを奏でた後の笑顔が忘れられない。歴代の日本人歌手の中で、タキシードと蝶ネクタイが最も似合い、ビッグバンドに負けない声量を持った歌手は尾崎紀世彦の他にない。

森進一の声音は魂を揺さぶる

森進一は昭和22年生まれで鹿児島育ち。41年に猪俣公章作曲の「女のためいき」でデビューした。私はこの歌が好きではない。当時の森の歌を聴くと、発声法が不自然で気持ち悪いとさえ思った。42年の「命かれても」と「盛り場ブルース」は、その気持ち悪さがなくなっていた。そして、43年の「花と蝶」と「年上の女《ひと》」で見直した。だんだん巧くなってきて、ハスキーボイスが心に響く。どうやら「泣き節」を会得したようだ。

44年の「港町ブルース」と46年の「おふくろさん」は、レコード大賞最優秀歌唱賞に選ばれ、49年の「襟裳岬」（岡本おさみ作詞、吉田拓郎作曲）でレコード大賞を受賞した。私はこの3曲よりも、48年の「冬の旅」と、同年の「さらば友よ」（どちらも阿久悠作詞、猪俣公章作曲）の方を「良し」とする。恋人に置手紙を残して旅に立つ男の心情を描いた「冬の旅」、親友に恋人を取られた男が、旅立つ2人を駅で見送る場面を描いた「さらば友よ」、共にドラマのワンシーンのようだった。それに比べると、「襟裳岬」はつまらない歌だ。

その後、「さざんか」、「東京物語」、「新宿・みなと町」など、スマッシュヒットがあるだけでぱっとしなかった。森の真骨頂を示したのが、59年の「それは恋」である。蜷川幸雄演出の芝居、『近松心中物語』のクライマックスに流れたことで注目を浴びた。作詞は芝居の脚本を書いた秋元松代。私が観たのは大地喜和子と平幹二朗の舞台で、森の切々たる歌声が心中場面を盛り上げて、BGMとしては最上であった。

57年には大瀧詠一作曲の「冬のリヴィエラ」がヒットする。これまでの森のイメージを変える斬新なメロディで、松本隆の詞もいい。

以後、ヒット曲は「北の螢」と「ゆうすげの恋」くらいしか思い浮かばないが、森でなくてはというファンの根強い人気に支えられ、現在も第一線で活躍している。

五木ひろしの実力者ぶり

昭和23年生まれで福井県出身。39年に『コロムビア全国歌謡コンクール』で優勝して歌手になった。松山まさるという芸名でデビューしたものの、なかなか芽が出ない。

クラブ歌手を経て、日本テレビのオーディション番組、『全日本歌謡選手権』で10週勝ち抜いた。46年、審査委員の1人だった平尾昌晃の作曲、山口洋子作詞の「よこはま・たそがれ」で再デビューする。それが65万枚の大ヒットで、一躍人気歌手となる。いいメロディだし、山口の名詞を連ねる歌詞が新鮮だった。下積みが長かったから、並みの新人ではなく、歌の巧さが際立っていた。

同年の「長崎から船に乗って」、47年の「待っている女」、「あなたの灯」と順調にヒットを飛ばし、48年には「夜空」でレコード大賞を受賞する。ただ、私個人の好みで言えば、この時期の歌はあまり評価しない。「巧いなあ」と思うけれど、なぜか心に響かない。つまり、感心するけれど感動はしないのだ。

落語家にもいる。巧みに人情噺を演じても客を感動させられない人が。私にとって五木は、その手のテクニシャン落語家と同じだった。古賀政男作曲の「浜昼顔」にしても、「千曲川」にしても、いい曲なのに感動できない。

見直したのは57年の「契り」である。阿久悠作詞、五木ひろし作曲で、これには素直に感動した。五木に曲作りの才能があるとは思わなかった。それ以後、「細雪」、「長良川艶歌」、「そして…めぐり逢い」と続き、62年に「追憶」という大作が生まれる。これは阿久悠の詞に三木たかしが曲を付けた。歌いっぷりに貫禄が出て、この曲には脱帽である。

平成に入ると、「暖簾」、「おしどり」の後、12年に小椋佳作詞、堀内孝雄作曲の「山河」がヒット。「契り」、「追憶」に続くスケールの大きな曲で、聴くたびに感動する。

さらに、高く評価するのが24年の「夜明けのブルース」で、作曲はシンガーソングライターのレーモンド松屋。人情噺の大ネタを売り物にしていた一枚看板の落語家が、久しぶりに軽い滑稽噺を高座にかけて好評だったようなもの。ノリのいいメロディが、意外と五木に合ったのである。続いて出したレーモンド作の「博多ア・ラ・モード」もよかった。

五木ほどの歌手ならば、他の歌手の曲を歌っても巧いのは当たり前。カバーアルバムの中で、私がお勧めするのは『船村徹トリビュートアルバム』だ。「男の友情」、「柿の木坂の家」（どちらも元歌は青木光一）がたまらないし、「哀愁波止場」、「ひばりの佐渡情話」、「みだれ髪」といったひばりの歌もいい。「別れの一本杉」と「矢切の渡し」は言うまでもない。
かくして、五木は「歌の名人」と呼ぶにふさわしい歌手になったのである。

都はるみを追いかけて

前章で、私が最も数多くコンサートに通った女性歌手は伊東ゆかりと記したが、伊東以前は都はるみであった。歌だけでなく人柄も好きだ。

都は昭和23年、京都の生まれ。38年に五木と同じく『コロムビア全国歌謡コンクール』で優勝し、39年に「困るのことヨ」でデビューした。同年の「アンコ椿は恋の花」がミリオンセラーとなり、レコード大賞新人賞を受賞する。恩師の作曲家、市川昭介の作である。唸るような力強い小節が、「はるみ節」と言われた。

40年には代表曲のひとつ、「涙の連絡船」が大ヒット。この曲で泣き節を会得した。その泣き節は、47年の「おんなの海峡」（猪俣公章作曲）で結実する。コンサートでは、前奏が流れると、フィギュアスケートの技、「イナバウアー」のようにのけぞる。とたんに歌への期待が膨らみ、ワクワクしたのを思い出す。歌いながら舞台を走るのも定番になっていて、この曲に対する思い入れの深さが感じられた。

51年には阿久悠作詞の「北の宿から」でレコード大賞を受賞する。レコーディングの際、作曲の小林亜星から、「唸らないでね」と釘を刺されたという。はるみ節を封印させた的確なアドバイスにより、歌謡史に残る名曲が生まれたわけだ。

好みを言うと、阿久悠の作品なら、52年に出した「雨やどり」の方が好きである。惚れ合った男女が相合傘で帰る情景を詞にしたものだが、雨の中を歩く2人の姿がはっきりと脳裏に浮かぶ傑作なのだ。できれば歌詞をじっくり読んでから歌を聴いてほしい。

55年には「大阪しぐれ」でレコード大賞最優秀歌唱賞に輝き、新人賞、歌唱賞、大賞の3賞を受賞した。女性歌手で三冠を獲ったのは都だけである。

56年にはデュエット曲、「ふたりの大阪」（相手は宮崎雅）がヒットした。「東京ナイト・クラブ」、「銀座の恋の物語」と並んで、カラオケの定番デュエットソングである。当時33歳だった私の夢は、この歌を同い年の都とデュエットすることであった。

58年にも岡千秋とのデュエット曲、「浪花恋しぐれ」（作曲も岡）がヒットした。この歌は一緒に歌いたいとは思わない。間奏に入る関西弁の台詞が臭くてくどくて、「ふたりの大阪」に及ぶべくもない。同じ大阪が舞台の歌なら59年の「道頓堀川」の方がいい。

同年には「夫婦坂」という夫婦愛を歌った傑作を出している。ところが36歳にして、「普通のおばさんになりたい」と引退を宣言した。その予兆は感じていた。前年公開の『男はつらいよ・旅と女と寅次郎』に寅さんのマドンナ役で出演した際の役が、私生活の悩みを抱える人気歌手という設定だったのだ。そして、59年の紅白歌合戦を最後に、表舞台から消えてしまった。

しかし、演歌の申し子のような人が、歌を捨て切れるはずがない。平成2年、弦哲也作曲の「小樽運河」と「千年の古都」の2曲を引っさげて復帰を果たした。5年半ぶりの新曲だったが、どちらも従来の都の歌とはテイストが違う。私たちファンは、新たな都はるみを歓迎した。

以後は精力的にコンサートを開いた。私が通ったのはその頃だ。コマ劇場での公演（芝居と歌謡ショー）では「浪花恋しぐれ」を劇化し、桂春団治の女房、おはまを演じた。ちなみに、春団治役は梅宮辰夫だった。

平成10年の「邪宗門」、13年の「夕陽坂」、15年の「ムカシ」、「今ひとたびの」、17年の「命ゆきどまり」など、意欲的な新曲を発表し、我々ファンを喜ばせた。私が好きなのは23年の「大阪ふたり雨」。「ふたりの大阪」と「大阪しぐれ」と「雨やどり」を合わせたような素敵な曲だ。

26年11月、東京国際フォーラムでのコンサートで、翌年から休業すると発表した。会場に居た私はひどくがっかりしたものだ。12月にBS朝日の歌番組、『人生、歌がある』に出演したのを最後に、再び姿を消してしまった。

コンサートのアンコールで歌う「好きになった人」で、「さようなら、さよなら」と手を振る彼女の姿が目に残っている。また彼女の歌を生で聴きたいと願うファンは私だけではないはずだ。

藤圭子の怨歌

ひと言に演歌といっても色んな種類がある。男女の恋心を歌うのが「艶歌」、メジャー音階で聴く者を応援するのが「援歌」（水前寺清子の歌がそうだ）とすれば、藤圭子のは「怨歌だ」と評したのは、作家の五木寛之である。言い得て妙で、確かに藤の歌は「怨み節」であった。

それは彼女の育ちに因する。昭和26年に岩手県一関市に生まれ、浪曲師の父親、曲師（三味線弾き）の母親とドサ回りの旅をしていたという。即ち、まともに学校に行っていない不幸な少女時代を過ごしたわけだ。

長じて歌が巧くなった藤を連れて、上京した両親は、浅草や錦糸町の飲食街を流して歩いた。作詞家の石坂まさをが面倒を見て、44年に石坂作詞作曲の「新宿の女」でデビューする。黒のパンタロンスーツにおかっぱ頭という外見と、ドスの効いたハスキーボイスとのギャップが話題になった。

初めて彼女の歌声を聴いたとき、私は「浪曲の節回しだ」と気づいた。後で両親の職業を知り、「やっぱり」と思った。

45年の「圭子の夢は夜ひらく」で日本歌謡大賞を受賞。同年の「女のブルース」と「命預けます」のヒットもあって、瞬く間に人気が沸騰した。19歳とは思えない歌唱力と、世をはかなんだような投げやりな歌い方、薄幸を感じさせる雰囲気に心を惹かれた。

46年、内山田洋とクール・ファイブの前川清と結婚したが、翌年に離婚する。この不幸な結婚で、藤の怨み節に磨きがかかった。それが表れたのが47年の「京都から博多まで」である。恋に破れた女が男を追いかけて、生まれ故郷の京都を離れ博多まで流れてきたという歌で、阿久悠作詞、猪俣公章作曲の傑作だ。藤の持ち歌の中で、私は最もこの歌が気に入っている。これまで失恋した女は北へ行くのが定番だったが、西へ流れて行くのが斬新だった。49年に、同じ猪俣の曲、「私は京都へ帰ります」（作詞は山口洋子）というアンサーソングを出しているのが面白い。

ユーチューブで聴いたカバー曲も秀逸で、「カスバの女」、「女の意地」などを怨み節で歌っている。クール・ファイブの「逢わずに愛して」は感動ものである。たった1年の結婚生活で別れた前川清の歌を、怨み節で「逢わずに愛して」と歌うのだ。是非とも聴いてほしい1曲である。

50年以降は「さすらい」と「はしご酒」くらいしかヒットがなく、54年に突然引退を表明して渡米してしまった。親友の八代亜紀には、「アメリカでロック歌手になるの」

と言ったとか。58年に再婚相手との間にできた長女、光が後の宇多田ヒカルだ。

それから日本とアメリカを行き来するようになり、平成９年にはＮＨＫの歌番組、『ふたりのビッグショー』で八代と共演した。昨年、ＣＳの歌謡ポップスチャンネルで再放送したのを観た。藤は往年のヒット曲を歌いまくり、八代と思い出話を語り合う表情がとっても楽しげであった。

以後の消息はほとんどなく、平成25年に62歳で亡くなる。今改めて持ち歌を聴くと、巧さだけでなく、節に凄みがあることに気づく。強く記憶に残る歌手であった。

独立後、前川清は進化した

前川については内山田洋とクール・ファイブの項でも述べたので、この項ではソロ歌手になってからのことを記す。

ソロ歌手としての第１作は昭和57年、コピーライターの糸井重里に作詞を依頼して、坂本龍一が曲を付けた「雪列車」である。後に前川は、「この歌が認められたことで、ソロでやっていく自信がついた」と語っている。確かにいい曲だが、私はクール・ファイブ時代の「噂の女」や「恋唄」といった前川の泣き節の方が、「雪列車」のようなモダンなメロディより好きだ。

2年後にクール・ファイブから正式に独立して、「フィクションのように」がヒット。62年の「花の時・愛の時」、63年の「愛がほしい」もよかったが、前川の実力が発揮されるのは平成に入ってからである。

3年の「男と女の破片《かけら》」は、荒木とよひさの詞が素晴らしい。これは是非ネット検索して読んでいただきたい。泣き節を抑え気味に歌う前川のテクニックを高く評価する。

5年の「別れ曲《うた》でも歌って」と、6年の「悲しみの恋世界」もいい。私のイチオシは同年の「恋するお店」。ホステスだった女が店をやめ、地方の港町で飲み屋をやっている。その案内状を、以前贔屓にしてくれた馴染み客に出すという歌詞で、ロスプリモスの「小さなお店をもちました」と同じ設定である。ホステス時代の源氏名ではなく、本名を書いて出すのが泣かせる。きっと恋愛関係にあった客なのだろう。私がその客なら、すぐにでも駆けつけるのに、と思ったものだ。

9年から13年までは、「薔薇のオルゴール」、「神戸」、「明日に」、「流行歌《はやりうた》」、「霖霜と」、「大阪」など、毎年のようにヒット曲を出している。ベテランの演歌歌手が苦戦していた平成年代に、これだけのヒット曲があるのはたいしたものである。

14年には福山雅治が作詞作曲した「ひまわり」が好評だった。以上紹介したすべての曲が、2枚組アルバム、『前川清大全集』に、クール・ファイブ時代のヒット曲も含めて収録されている。

シングルカットでは、平成23年の桑田佳祐が作った「ＳＥＡ ＳＩＤＥ ＷＯＭＡＮ ＢＬＵＥＳ」が良かった。近年では30年、糸井重里が「雪列車」以来久々に詞を書いた「初恋Ｌｏｖｅ in ｆａｌｌ」が絶品である。「人生の秋」というから、40代の女性であろう。初めて恋をした哀しいほど切ない女心を、前川が見事に表現している。聴かなきゃ損、と言いたいくらいの傑作です。

デュエット曲では、前川と仲の良い舞台女優、藤山直美と歌った「ＬＯＶＥ Ｓｏｎｇｓは聴こえない」が楽しい。令和に入ると、川中美幸と「東京シティ・セレナーデ」を歌った。これはデュエット演歌の本道を行く曲で、歌が巧い同士がデュエットすると、こんなにもいいのかと感服する。カップリング曲として、オールディーズの「ヘイ・ポーラ」が付いている。ちなみに、前川はオールディーズのカバーアルバムを3枚も出している。オールディーズファンにはたまらない曲ばかりだ。併せて聴いていただきたい。

クラブ歌手だった八代亜紀の底力

昭和25年生まれ、熊本県出身の八代亜紀は、レコードデビューするまで、銀座のクラブでスタンダードナンバーやポップスを歌っていた。この経験が、歌謡曲を歌う上で強みになっている。

46年に「愛は死んでも」でテイチクからデビューしたもののヒットせず、五木ひろしを輩出した『全日本歌謡選手権』に出て、同じように10週勝ち抜いたことで芽が出た。八代と五木が仲が良いのは、同じ経歴の同志意識があるからだろう。

48年に出した「なみだ恋」がヒットしてレコード大賞歌唱賞を受賞。翌年から「愛ひとすじ」、「もう一度逢いたい」、「愛の終着駅」とコンスタントにヒットを飛ばし、石原裕次郎とのデュエット曲、「別れの夜明け」が話題になった。そして、54年の「舟唄」に漕ぎ着く。阿久悠作詞、浜圭介作曲の「舟唄」は、歌謡史に燦然と輝く名曲だ。情景が浮かぶ阿久の詞も良し、浜のメロディがまた素晴らしい。前奏を聴いただけで、歌の世界に引きずり込まれる。脚本家の倉本聰は、高倉健主演の映画『駅 STATION』の劇中歌にこの歌を使った。健さんと倍賞千恵子が居酒屋のカウンターで抱き合いながら「舟唄」を聴くシーンは、歌の力もあって名場面になった。

「舟唄」でレコード大賞を受賞したと思い込んでいたが、私の思い違い。翌年に阿久・浜コンビの「雨の慕情」で受賞している。日本歌謡大賞とのダブル受賞で、狙って獲ったのが凄い。「舟唄」と甲乙つけがたい傑作である。この2曲で八代は頂点を極めたと言っていい。それ以上のものを求められた八代はさぞや辛かったろう。以降は57年の「海猫」と62年の「竜二」くらいしか記憶にない。

平成年間は「花束（ブーケ）」がヒットした以外、これといった曲に恵まれなかったが、歌謡界において八代の存在は大きなものがある。令和3年に、八代自身が作曲と補作詞を手がけた「居酒屋『昭和』」の評判がいいのが嬉しい。

『八代亜紀の昭和歌謡大全集』というアルバムには、自身のヒット曲以外に、「京都から博多まで」、「池袋の夜」、「北の宿から」、「柳ヶ瀬ブルース」、石原裕次郎とのデュエットで「銀座の恋の物語」などが収録されている。

近年はクラブ歌手時代に歌っていたジャズを歌うようになり、スタンダードナンバーが入ったアルバムも出している。「セントルイスブルース」などは結構なものである。

いしだあゆみに恋して

高校時代、いしだあゆみに恋をした。森繁久彌主演のテレビドラマ、『七人の孫』に出ていた彼女を見て一目惚れしたのだ。詳しい事情は記せないが一度だけ彼女とデートしたことがある。某芸能雑誌で、あゆみさんと読者が誌上デートするという企画があり、その相手を高校3年生の私が務めた。昭和41年のことだ。編集者とカメラマン、彼女のマネージャーが同行したので、厳密にはデートと言えない。それでも、西武園ゆうえんちでジェットコースターに並んで乗ったり、一緒にソフトクリームを食べたりしたときは２人きりだから、デートであったと言いたい。別れ際、「大学に合格したらまた会えるかな」と尋ねたら、彼女は「うん」と承諾してくれた。以来、彼女は私の心の恋人になったのだ。

私と同じ昭和23年生まれのあゆみさんは、39年に「ネェ、聞いてよママ」でレコードデビューした。ドラマで人気が出たものの、ヒット曲はない。43年の「ブルー・ライト・ヨコハマ」（橋本淳作詞、筒美京平作曲）が１５０万枚の大ヒットで、一躍人気歌手になる。ちょっと鼻にかかった甘い声と、小唄のような節がチャーミングであった。この年、私は大学2年生。デートしたときと比べると、めっきり大人っぽく美しくなった彼女は、高嶺の花であった。

「太陽は泣いている」、「涙の中を歩いてる」、「喧嘩のあとでくちづけを」、「今日からあなたと」などもあるが、私が好きなのは、45年の「あなたならどうする」だ。これも曲は筒美で、作詞はなかにし礼。ちなみにあゆみさんの妹はなかにしと結婚している。男に捨てられた女が、「あなたならどうする？」と問いかける歌詞は、なかにしならではのものだ。

46年の「砂漠のような東京で」が、歌手としての頂点だったと思う。女優に転身して数々の映画賞を受賞したこともあり、めったに歌わなくなってしまった。

それでも、テレビドラマでは『北の国から』の母親役、映画では『駅STATION』での健さんの奥さん役が印象に残る。司会を務めたNHKのポップス番組『ときめき夢サウンド』は毎週見ていた。

共に70を過ぎたけれど、今でもあゆみさんが好きなのです。

奥村チヨと黛ジュンの誘惑

奥村チヨは官能的な歌手である。ちあきなおみが時に官能的に歌うことがあったけれど、それはテクニックでそう聴かせるので、奥村の場合は、存在そのものが官能的だったのだ。

昭和22年生まれで、40年に4作目の「ごめんね…ジロー」がヒットした。コケティッシュな風貌と甘ったるい声が印象的だった。

42年の「北国の青い空」はベンチャーズの作曲で、当時はベンチャーズによる曲がけっこうあった。渚ゆう子の「京都の恋」と「京都慕情」、欧陽菲菲の「雨の御堂筋」、山内賢と和泉雅子のデュエット曲、「二人の銀座」などである。どれもヒットしたが、「北国の青い空」が最も出来が良い。

奥村がブレイクしたのは44年の「恋の奴隷」で、社会的に話題になった。女性が男性に隷属するのを肯定した内容の歌詞（なかにし礼！）とあって、当然フェミニストから非難を浴びた。紅白歌合戦に出場した際、忖度したＮＨＫはこの歌を避けて、「恋泥棒」に変えさせたほどである。確かに詞を読むと、女性が男性のＤＶ行為を肯定しているのだから、批判されてもしかたない。しかし、である。奥村が歌うと実に愛らしく、こういう恋人が欲しいと当時の若者は思ったのだ。いしだあゆみという心の恋人がいた私でさえ、「恋の奴隷」には惑わされた。それほど誘惑的だった。

小悪魔の奥村が大人の女に変身したのは、46年の「終着駅」である。作曲家、浜圭介との出会いが、曲調だけでなく運命を変えた。この歌が名曲として残るのは、八代亜紀の「舟唄」同様、浜のメロディの素晴らしさ故である。３年後、奥村は浜と結婚し第一線を退き、おしどり夫婦と言われ、幸せな人生を送った。つまらない金持ちの奴隷にならなくて、本当に良かった。

奥村ほどではないが、ミニスカートからすらりと伸びた足で若い男を惑わせたのが黛ジュンである。「天使の誘惑」、「恋のハレルヤ」、「乙女の祈り」などがヒットして、これまたチャーミングだった。それが、実兄の作曲家、三木たかしの「夕月」でガラッと変わった。抑えた歌唱法によって曲の良さを前面に出したのだ。近しい作曲家によって変わったという点で、奥村と共通点する。

数年前、黛のステージを観た。とうに60を過ぎたはずなのに、相変わらずの美脚にミニスカートが似合って、それは素敵だった。

小柳ルミ子の名曲はこれだ!

小柳ルミ子は昭和27年生まれなので団塊世代よりちょっと年下だが、同等の活躍をしているのでこの章に入れた。

福岡県出身の小柳は中学卒業後、宝塚音楽学校に入学、２年間寮で過ごした。首席で卒業した後、宝塚の先輩、梓みちよの紹介で渡辺プロに入る。46年に、安井かずみ作詞、平尾昌晃作曲の「わたしの城下町」でデビュー。大ヒットしたのはご存じの通りだ。

以後の曲も平尾作品が多い。「お祭りの夜」、「雪あかりの町」と連続ヒット、47年には「瀬戸の花嫁」が大ヒットして日本歌謡大賞を受賞する。私が好きなのは「京のにわか雨」（作詞はなかにし礼）と「恋の雪別れ」（作詞は安井かずみ）。今小柳が歌うのを聴いても、「いい曲だなあ」と思わせる。それに比べて、「わたしの城下町」と「瀬戸の花嫁」は、還暦を過ぎた小柳に似合わない。51年の「逢いたくて北国へ」と52年の「星の砂」は今歌っても許される曲だ。

そして、私が「これぞ小柳の代表曲」と激賞するのが、53年の「泣きぬれてひとり旅」である。「酒と泪と男と女」で知られるシンガーソングライター、河島英五の作で、別れた男を追いかけて、京都、金沢を訪れる女の哀歌になっている。阿久悠は藤圭子に「京都から博多まで」男を追いかけさせたが、河島は京都から金沢へ向かわせた。切々と訴えるように歌う小柳は、「そういう経験があったのかしら」と思わせるほど真に迫っていて、心を打たれるのだ。早世だった河島の名曲に出会えたのは、彼女にとって幸甚といえる。

55年の「来夢来人《ライムライト》」も良かったが、58年の「お久しぶりね」に圧倒される。杉本真人の作品で、小柳にピッタリの曲である。それは、彼女が得意とするダンスが生かせるからだ。さすが元宝塚、踊りのテクニックは他の歌手の追髄を許さない。59年の「今さらジロー」も杉本の作で、やっぱり歌と踊りがいい。

その後は女優として活躍したり、私生活で年下のダンサーとの結婚、離婚などがあったせいで、これといったヒット曲に恵まれなかった。それでも、財産といえるヒット曲の数々は、今も多くのファンに愛されている。

令和3年に芸能生活50年を迎え、歌にダンスにと健在ぶりを見せつけた。歌って踊れる女性エンターテイナーは貴重な存在である。

アジアの歌姫、テレサ・テン

台湾出身のテレサ・テンは昭和28年生まれ。小柳ルミ子とほぼ同い年という理由でこの章に入れた。中国、台湾、香港出身の歌手としては、欧陽菲菲、ジュディ・オング、アグネス・チャンなどがいるけれど、テレサは特別な存在だ。それは上記の３人より、はるかに歌が上手く、ヒット曲が多いからだ。

テレサは49年に、「今夜かしら明日かしら」でデビューしたがヒットせず。２枚目の「空港」（猪俣公章作曲）が大ヒット、レコード大賞新人賞を受賞した。ただ、当時の評価は、「台湾人にしては日本語が上手いし、歌もなかなかのもの」という程度のものだった。私は、「空港」と、51年に出た「夜のフェリーボート」が気に入って、「女心を巧みに表現する艶歌歌手」と高く評価していた。

54年に、インドネシアの旅券で入国したことで、旅券法違反を犯したとして国外退去処分になった。裏にどんな事情があったのか定かではない。何か台湾と中国の関係がからんだ国際問題だったみたいだ。

テレサが本領を発揮したのは、59年に再来日してから。同年の「つぐない」、60年の「愛人」、61年の「時の流れに身をまかせ」は、いずれも荒木とよひさ作詞、三木たかし作曲による3部作である。「つぐない」と「愛人」は共に150万枚、「時の〜」は200万枚を売り上げ、日本有線大賞など多くの賞に輝いた。この3曲は今でも聴き惚れてしまうほど素晴らしい。

62年の「別れの予感」もまた荒木・三木コンビによるもので、3部作とは違うポップス的なテイストがいい。一連の歌をよく聴くと、発音とイントネーションに微妙な外国人訛りがある。それが独特の味になっているのだから、何が幸いするかわからない。

62年以後、香港に移住したことで、日本での活動が激減した。その分、中国人圏内だけでなく、タイやマレーシアなどアジア全域で活躍したことにより、「アジアの歌姫」と呼ばれるようになった。

平成7年、静養に訪れていたタイ、チェンマイのホテルで、気管支喘息のため死去。42歳の若さであった。遺体は台北に搬送され、国葬が行われたというから、台湾の人々にどれほど大切に思われていたか想像できる。

今でもＢＳ放送などで、テレサの特集番組を組むのは、視聴者の要望があるからだろう。「最も日本人に愛された中国系歌手」と言って過言ではない。

この歌手のこの1曲10選（男性編）

「空に太陽がある限り」　にしきのあきら
「愛のメモリー」　松崎しげる
「バス・ストップ」　平　浩二
「雨」　三善英史
「今は幸せかい」　佐川満男
「ホテル」　島津ゆたか
「夜の銀狐」　斎条史朗
「あずさ2号」　狩人
「別れのサンバ」　長谷川きよし
「津軽恋女」　新沼謙治

第4章

グループサウンズにおける歌謡曲性

ジャッキー吉川とブルー・コメッツの衝撃

昭和40年代を席巻したグループサウンズ（以下GSと略）ブーム、それは凄まじいものだった。短期間に、雨後の筍のようにグループが現れては消えていった。その中で、最高のグループはブルー・コメッツと断言する。

その理由は、コーラスワークのアンサンブル、ジャッキー吉川のドラムをはじめとする卓越した演奏技術、リードボーカルで作曲家、井上忠夫の高度な音楽性、この3点である。他のグループのメンバーに長髪が多かったのに対して、ブルコメは全員が短髪、しかもスーツ姿で清潔感があるのも好ましかった。

ジャッキー吉川、井上忠夫、三原綱木（ギターとボーカル）、高橋健二（ベース）、小田啓義（キーボード）のオリジナルメンバーが揃ったのは40年で、41年に「青い瞳」でデビューした。この歌を初めて聴いたときの衝撃は忘れられない。力強いドラムの音で始まり、井上の美声をコーラスが引き立てる。まるでムード歌謡コーラスグループが、新しいジャンルの曲を歌っているようだった。

考えてみたら、コーラスグループとＧＳはメンバー構成において共通点がある。リーダーが歌わないで演奏に専念したこと、リードボーカルが１人または２人であること、自分たちで演奏することなど。ブルコメの井上、三原の２枚看板は、和田弘とマヒナスターズにおける三原、松平コンビと似ている。

41年には「青い渚」がヒットして、42年の「ブルー・シャトウ」につながった。レコード大賞を受賞したこの曲も含めて、作曲はほとんど井上忠夫。その才能からすれば、グループ解散後に作曲家として高く評価されるのは当然であった。

「ブルー・シャトウ」はいい曲だが、個人的には同年の「北国の二人」の方が好きだ。イントロのギターとドラムがたまらないし、井上と三原のハーモニーが素晴らしい。Ｂ面の「銀色の波」はあまり知られていないが、隠れた傑作である。

43年には「こころの虹」（Ｂ面が「すみれ色の涙」で、後年、岩崎宏美が歌った）、「草原の輝き」などのヒットがある他、「さよならのあとで」（筒美京平作曲）と「雨の赤坂」（三原が作曲）という歌謡曲を出した。前者は井上が、後者は三原がソロで歌い、どちらも素敵な歌声だった。ブルコメはムード歌謡に転向するのかと思ったが、歌謡曲はその2曲だけに終わる。ちょっと残念だ。

44年には「海辺の石段」、45年の「それはキッスで始まった」など、元のスタイルに戻った。その後はヒットが途絶え、47年に井上、三原、高橋が脱退したことで、グループは崩壊したのである。

三原は後にザ・ニューブリードという楽団の指揮者になり、紅白歌合戦でもタクトを振るった。ジャッキーはブルー・コメッツを再編成して、80歳を過ぎてもドラムを叩いていた。

井上忠夫は56年に井上大輔と改名、作曲家として多数のヒットを飛ばした。尾崎紀世彦の「サマー・ラブ」、郷ひろみの「2億4千万の瞳」、意外なところでは、テレサ・テンの「夜のフェリーボート」がある。特筆すべきは、ラッツ&スターのシャネルズ時代から、彼らのヒット曲のほとんどを作っていること。デビュー曲の「ランナウェイ」をはじめ、「トゥナイト」、「街角トワイライト」、「ハリケーン」などで、ラッツ&スターに改名してからは、「涙のスウィートチェリー」、化粧品のCMソングに使われた「め組のひと」などのヒット曲が多数ある。

才能豊かなクリエイターだったが、平成12年5月に自殺してしまった。享年58。同年の暮れ、堺正章と内田裕也が音頭を取って、『井上忠夫音楽葬』を開催して偲んだ。

ザ・スパイダースの堺正章は芸達者

ザ・スパイダースは昭和39年に、リーダーの田辺昭知、かまやつひろし、堺正章、井上順ら7人のメンバーが揃い、40年に「フリフリ」でデビューした。洋楽のテイストを生かしたかまやつの作曲、編曲が特徴で、ビートルズの「リバプールサウンド」を真似て、「トーキョーサウンド」と称した。41年の「ノー・ノー・ボーイ」や「サマー・ガール」などは、ビートルズの亜流と言われてもしかたない。ただ、メンバーに井上堯之というギターの達人がいたので、音楽性は高かった。

堺正章のボーカルが際立つのは、同年の「夕陽が泣いている」と、42年の「風が泣いている」からだ。どちらも浜口庫之助の作詞作曲で、この2曲がスパイダースの代表曲になる。「いつまでもどこまでも〜」のB面「バン・バン・バン」では、堺と井上順が歌いながら踊った、その振り付けがかっこ良かった。

井上順は、「なんとなくなんとなく」と「いつまでもどこまでも」（共に作曲はかまやつ）を歌っているが、時たま音程が怪しくなるのが愛嬌で、堺と人気を二分した。43年の「あの時君は若かった」は、2人の息が合ったコーラスが生きた曲だ。

44年の夏を過ぎた頃からGSブームが下火となり、46年1月の『日劇ウエスタンカーニバル』を最後にザ・スパイダースは解散した。早々と決めたのは、かまやつ、堺、井上順、堯之、それぞれが独立しても1人でやっていけるだけの力を持っていたからだろう。

堺と井上順のその後の活躍はご存じの通り。堺はソロ歌手として、「さらば恋人」（筒美京平作曲）、「街の灯り」（浜圭介作曲）を大ヒットさせ、正月特番の『新春かくし芸大会』では芸達者なところを見せた。その後はバラエティー番組の司会者、俳優として現在も活躍している。

井上順は俳優としてNHKの大河ドラマに出るまでになった。かまやつはソロ歌手として、吉田拓郎作の「我が良き友よ」のヒット曲がある。リーダーの田辺は芸能プロ（田辺エージェンシー）の経営者となり、井上堯之はテレビドラマ、『太陽にほえろ！』

や『前略おふくろ様』のテーマ曲を作るなど、作曲家、スタジオミュージシャンとして引っ張りだこだった。

解散10年後の56年、日劇の取り壊しが決まったことで開催された『サヨナラ日劇ウエスタン・カーニバル』に、7人のオリジナルメンバーが揃って出演した。私はこの公演を観ている。メンバーがステージに上がった瞬間、胸に込み上げるものがあった。まるで同窓会のような光景だったからだ。

ザ・タイガースは沢田研二だけではない

ザ・タイガースは昭和42年に「僕のマリー」でデビューした。メンバーはギターの森本太郎、加橋かつみ、ベースの岸部修三（後の一徳）、ドラムの瞳みのる、そして、リードボーカルの沢田研二である。「僕のマリー」は沢田の甘い歌声にぴったりの曲（作曲はすぎやまこういち）で、私はこの歌と「モナリザの微笑」が好きだった。

43年の「君だけに愛を」は、沢田の〝オー、プリーズ〟というスローな出だしの後、

〝君だけに！〟と客席を指さすと、若い女性ファンが黄色い歓声を上げたものだ。踊りながら歌う「シーサイド・バウンド」と共に、GSファンに愛された曲といえる。

このメンバーにはもう1人、加橋というボーカリストがいた。43年の「花の首飾り」は彼のメインボーカルでヒットした。沢田が歌った「銀河のロマンス」との「両A面」だったことはあまり知られていない。同年の「廃虚の鳩」と「青い鳥」も加橋の歌だ。どういう事情があったのか、44年に加橋が脱退してしまう。代わりに岸部の弟、四郎がメンバーに加わったが、GSブームが衰退したこともあり、46年1月、日本武道館でのコンサートが最後の公演となった。

47年に沢田はソロ歌手となり、「許されない愛」、「あなただけでいい」をヒットさせ、押しも押されもしない人気歌手になる。「危険なふたり」、「追憶」、「時の過ぎゆくままに」と続けてヒットを飛ばし、52年に「勝手にしやがれ」を、53年に「ダーリング」と「LOVE（抱きしめたい）」を大ヒットさせた。沢田でなくてはありえないような奇抜な衣装と気障な仕草が、タイガース時代からの女性ファンを痺れさせた。54年の「カサブランカ・ダンディ」と、55年の「TOKIO」も同様である。

解散後、加橋はソロ歌手として活動、森本は音楽プロデューサーになった。岸部一徳はご存じの通り、俳優に転向して名脇役として貴重な存在になっている。それにしても、「サリー」という愛称だった岸部が、これほどの役者になるとは想像だにしなかった。

前述した56年の『サヨナラ日劇ウエスタン・カーニバル』には沢田、加橋、岸部、森本の4人が出演している。同年に再結成して、57年には『ザ・タイガース同窓会』と銘打ち、全国ツアーを開催。久々に新曲、「色つきの女でいてくれよ」を出してヒットしたが、長くは続かず再び解散してしまう。

平成25年、オリジナルメンバー5人が44年ぶりに再結集し、武道館を皮切りに全国ツアーを始めた。最終回の東京ドームの公演には、岸部四郎が病を押して出演した。6人のステージはそれが最初で最後になった。

ザ・テンプターズの萩原健一は嫌々歌っていた

ザ・テンプターズは、昭和42年に「忘れ得ぬ君」でデビューした。ボーカルの萩原健一は「ショーケン」の愛称で呼ばれ、女性人気は沢田研二といい勝負であった。

43年に、「神様お願い」、「エメラルドの伝説」、「おかあさん」、「純愛」と4曲もヒットを飛ばす。どれもいい曲だが、やはり「エメラルドの伝説」が最高か。若き日の萩原が歌う映像を観たら、王子様みたいなひらひらが付いたブラウスとベストを着ていた。萩原が俳優に転向してから、当時の映像をテレビが流すのを極端に嫌った訳が理解できる。あれはかなり恥ずかしい姿で、当時からそういう格好をさせられるのを嫌がったようだ。心なしか、ショーケンは嫌々歌っていたようにさえ見える。アイドル歌手を演じるのが苦痛だったのかも知れない。

ブルー・コメッツ、ザ・スパイダース、ザ・タイガースの3組に複数のボーカルがいたのに対し、テンプターズは萩原1人。それだけ萩原にかかる負担は大きく、大黒柱が嫌々歌っていては、当然長続きしない。45年12月に早々と解散した。

その後、映画とテレビドラマで、俳優としての才能を現した萩原は、ソロ歌手として活動を開始する、54年に「大阪で生まれた女」（BOROのカバー曲）、56年に「ラストダンスは私に」（越路吹雪のカバー曲）、62年に「愚か者よ」（近藤真彦と共作）を、まったく異なるテイストで歌った。私は一度だけ彼のライブを観に行ったことがある。カバー曲も良かったけれど、ハードロック風に編曲した「神様お願い」を歌い出したときには、背筋がゾクゾクしたのを覚えている。テンプターズ時代の萩原とはまったく違う、成熟した男の「神様お願い」だった。

俳優として、歌手として、まだまだ活躍してほしかったが、平成最後の31年3月にがんで亡くなった。享年68は惜しまれる。

ザ・ゴールデン・カップスはヨコハマ演歌だ

横浜出身のデイブ平尾を中心に結成されたザ・ゴールデン・カップス。メンバー全員が横浜出身のハーフという触れ込みだが、真偽のほどは定かでない。当時の芸能界は、出身や経歴どころか、国籍、年齢さえも詐称することがあったからだ。

昭和42年に「いとしのジザベル」でデビュー、43年の「長い髪の少女」が大ヒットして人気GSの仲間入りした。GSナンバーで名曲を残した作曲の鈴木邦彦と作詞の橋本淳の傑作で、平尾とマモル・マヌーとの掛け合いのパートがとてもいい。

同年の「愛する君に」、42年の「銀色のグラス」、44年の「本牧ブルース」などを聴くと、多国籍のバタ臭い感覚だけでなく、平尾の歌には演歌のような節があった。そこで私は「ヨコハマ演歌」と命名したのだ。

47年に解散したが、ドキュメンタリー映画や懐メロ番組に出演するために再結成した。メンバーの1人、ミッキー吉野はゴダイゴのメンバーで、作曲家として成功している。

パープル・シャドウズは最も歌謡曲性が高かった

パープル・シャドウズは昭和42年に結成された。すでにGSブームは陰りを見せていたが、「小さなスナック」が大ヒットしたことで、音楽史にグループ名が残るのだから、ヒット曲の力は大きい。従来のGSとは一線を画す歌謡曲性の高い曲で、どちらかといえば、ムード歌謡に近い。それがかえって良かった。

作曲はギターとボーカル担当の今井久。今井のギターテクニックは、GSの中では飛び抜けており、繊細で美しいメロディを奏でる。「小さなスナック」を聴くときは、歌だけでなく、ギター演奏にも耳を傾けていただきたい。

同年の「ラブ・サイン」は、もう1人のボーカル、綿引則史が歌った。恋人に話しかける台詞が生きている。これもムード歌謡の手法である。

44年の「別れても好きな人」（作詞・作曲佐々木勉）に至っては１００％ムード歌謡だ。その証拠に、10年後、ロス・インディオスがシルヴィアとのデュエット曲としてリメイクし、リバイバルヒットさせている。その際に歌詞の一部を変えたことはあまり知られていない。と言っても、青山を原宿に、狸穴《まみあな》を高輪《たかなわ》にと、一部地名を変えただけだが。両者の「別れても好きな人」を聴き比べてみるのも一興だ。

45年以降はヒット曲がなく、メンバーの入れ替わりがあったが、近年テレビに出る際は、今井と綿引がデュオで、「小さなスナック」を歌っている。今聴くと、懐かしさで胸が熱くなる。

コロナ禍で、休業中か廃業した小さなスナックが多いことだろう。

ザ・サベージには寺尾聰がいた

ザ・サベージは昭和40年に結成され、41年に「いつまでもいつまでも」でレコードデビューした。４人のメンバーの中に寺尾聰がいたことを知らない人が多い。デビュー曲と同年にヒットした「この手のひらに愛を」を聴くと、寺尾の声が入っていることがよくわかる。それがとっても巧いのだ。

ザ・サベージはレコードを５枚出したきりで解散してしまった。寺尾の知名度が上がったのは、俳優としてであり、56年にリリースした「ルビーの指輪」が大ヒットして、レコード大賞を受賞したことによる。寺尾自身の作曲で、作詞は松本隆。今聴いても名曲だと思う。

私が所有する寺尾のアルバム、『Ｒｅ－Ｃｏｏｌ Ｒｅｆｌｅｃｔｉｏｎｓ』には、オリジナルの「ルビーの指輪」と、新たな編曲のものが併せて収録されている。その他、「出航」、「二季物語」など、寺尾作の歌が10曲入っているのでお勧めだ。

それにしても、ＧＳから何人もの名優を輩出していることに驚く。寺尾、萩原健一は数多くの映画賞を受賞したし、沢田研二は『太陽を盗んだ男』、『魔界転生』に主演し、『男はつらいよ』（第30作の『花も嵐も寅次郎』）にも出演。最近は山田洋次監督作品の『キネマの神様』で主演を務めた。

堺正章と井上順はドラマでよく観る。岸部一徳は現在も『ドクターX』などに脇役として出ている。「GSのメンバーは、芝居をやらせても上手い」、というのが私の説だ。

ヴィレッジ・シンガーズ、ジャガーズ、ザ・カーナビーツのヒット曲

ヴィレッジ・シンガーズは昭和41年にデビューし、42年の「バラ色の雲」が大ヒットした。筒美京平作曲、橋本淳作詞の曲で、GSの中でも屈指の名曲である。前奏を聴いただけでワクワクするほどかっこいい。リードボーカルの清水道夫の声がメロディによく合っていた。同年の「好きだから」は完全な歌謡曲だ。清水は歌謡曲に転向した方がよかったのかも知れない。5人のメンバーは、いかにも育ちがいい大学生といった感じで、女子大生に人気があった。

43年には「亜麻色の髪の乙女」（すぎやまこういち作曲）がヒット、この曲は34年後に、島谷ひとみの歌でリバイバルヒットしたことにより、若い世代にも知られている。46年に解散してしまったが、音楽関係の仕事をしているメンバーが多く、GSの同窓会的なコンサートがあると顔を揃える。

ザ・ジャガーズは昭和42年のデビュー曲、「君に会いたい」と、同年の「ダンシング・ロンリー・ナイト」が大ヒットした。軍服みたいなデザインの「ミリタリールック」が定番のステージ衣装だったのはスパイダースとよく似ている。43年の「マドモアゼル・ブルース」は歌謡曲だ。リードボーカルの岡本信のハスキーボイスは、ロックも歌謡曲もいけた。晩年にNHKのGS特集番組に出演した際、激ヤセしていて声に力がなかったが、がんを患っていたようだ。それから間もなく、平成21年に亡くなった。

ザ・カーナビーツもまた42年に、「好きさ好きさ好きさ」で華々しくデビューした。

この曲もGS史上に残る傑作だと思う。リードボーカルのアイ・高野が、ドラムを叩きながら舌足らずの歌声で〝好きさ〟を繰り返し、〝お前のすべて！〟とドラムスティックで客席を差す仕草が女性ファンに騒がれた。

「恋をしようよジェニー」も良かったのに、44年には解散してしまう。GSの中では最も短命だったが、記憶に残るグループといえる。

GSに影響を与えた加山雄三

加山雄三は昭和12年生まれ。東宝の映画スターだが、「君といつまでも」が350万枚という空前のヒット曲となり、歌手として評価されるようになった。本来なら、第1章の「歌う映画スター」の項か、第5章のシンガーソングライターに入れるべきだが、加山がGSに与えた影響を考え、この章に入れた次第である。

昭和40年の「君といつまでも」は、若大将シリーズ『エレキの若大将』の劇中歌だった。恋人役の星由里子に、「君のために歌を作ったよ」と言って歌うのに、途中からなぜか星が一緒にデュエットする。「お前はなんで歌えるんだ！」と突っ込みたくなるが、当時の映画にはそういうつじつまが合わないことが多々あったから許した。

「君と～」のB面は「夜空の星」。バックバンドがエレキギター奏者の草分け、寺内タケシ率いるブルージーンズだけあって、伴奏が素晴らしい。作曲家、弾厚作（加山のペンネーム）のセンスがいいからだ。

41年の「蒼い星くず」もブルージーンズの演奏で、ご機嫌な曲。B面の「夕陽は赤く」の伴奏は加山が作ったバンド、ザ・ランチャーズである。同年には、「君と～」の続編みたいなバラード曲、「夜空を仰いで」を出している。B面がフォークソング調の「旅人よ」で、こっちの方が有名だ。

以上の6曲を聴いてもらえば、加山がGSとフォークソングに影響を与えたことがおわかりになるはず。特に、次項に登場するザ・ワイルドワンズは、リーダーの加瀬邦彦が加山の大学（慶応）の後輩だけに、影響力が強かった。

加山のヒット曲には、「お嫁においで」というハワイアン調のものがある。伴奏が専門家の大橋節夫とハニー・アイランダースだけあって、和製ハワイアンに仕上がっている。

令和3年現在84歳の加山が、米寿になっても「君といつまでも」を歌い、〝幸せだなあ〟と言ったら、本当に幸せだと思う。

GSはザ・ワイルドワンズの「想い出の渚」に止めを刺す

GSの中で私が最も好きなグループはブルー・コメッツだが、「一番好きな歌は？」と問われれば、迷わずに「ザ・ワイルドワンズの想い出の渚」と答える。

ワンズ（ファンはそう呼ぶ）は昭和41年、元ブルージーンズのメンバー、加瀬邦彦がリーダーとなり、ギターの鳥塚繁樹、ドラムの植田芳暁、ベースの島英二の4人で結成された。そのデビュー曲が「想い出の渚」である。加瀬の作曲で作詞は鳥塚。以下、紹介するすべての曲は加瀬の作だ。4人とも湘南ボーイだけあって、トラディショナル・ファッションで短髪。ブルコメ、ヴィレッジシンガーズと同様、清潔感にあふれていた。当時の私も短髪（アイビーカット！）だったので、長髪の歌手はどこか不潔に見えた。

ギターの名手でもある加瀬は、12弦ギターを使いこなす。「想い出の渚」における演奏は実にソフトで耳に心地良い。曲が良くて、鳥塚の歌がまたいい。当時、立教大学に入学したばかりの私は、鳥塚が1年先輩と知って親近感を抱き、ワンズを応援するようになった。

42年の「夕陽と共に」も加瀬の12弦ギターと植田のドラムで始まる前奏が素晴らしく、植田のハスキーな声に合っていた。同年の「青空のある限り」はハードなエレキ演奏で、植田の声が一層生かされている。43年の「愛するアニタ」も植田だが、島が〝アニタ〜!〟と叫ぶのが売り物になった。島の存在感を示すナンバーだ。同年にはオルガンとキーボード奏者の渡辺茂樹が参加して、彼のボーカルによる「バラの恋人」がヒットした。

GSブームが下火になる44年以降は、「赤い靴のマリア」くらいしかヒット曲がなく、46年に一旦解散する。しかし、56年の『サヨナラ日劇ウエスタン・カーニバル』に5人揃って出演したのをきっかけに再結成（渡辺だけは不参加）、デビュー当時の4人で活動を再開した。

以後は定期的にコンサートを催し、加瀬が経営するライブハウス、〈ケネディハウス〉

に出演。懐メロ番組では必ず「想い出の渚」と「青空のある限り」を歌う。私は、「想い出の渚」を聴くたび大学時代を思い出す。この歌には青春時代を呼び起こす力があるのだ。

ワンズが凄いのは、他のGSが再結成しても長く続かないのに、ずっと4人でやっていたこと。50周年記念アルバム、『ザ・ワイルドワンズ　オール・タイム・ベスト』には、ここに紹介した曲はすべて収録されている他、「ユア・ベイビー」、「あの頃」、「懐かしきラブソング」など、いい曲がたくさん入っている。

加瀬は平成27年に亡くなったが、現在は次男の加瀬友貴がワンズに加わり、父の12弦ギターを弾いている。息子さんが父親の形見のギターで、同じように演奏している姿を見たら目頭が熱くなった。

令和元年、ワンズとブルコメの三原綱木、パープル・シャドウズの今井久、ザ・ゴールデン・カップスのミッキー吉野のメンバーで、「ザ・GS」というユニットを結成しコンサートを開催した。もちろん観に行きました。加瀬はいなくても、三原、今井というギターの名手がいて、友貴もいるので、GSのドリームチームのような構成になった。

それぞれのグループのヒット曲だけでなく、スパイダースやジャガーズのヒット曲も歌った。また、特別ゲストにタイガースの加橋とヴィレッジ・シンガーズが出たのも嬉しかった。おまけに、80過ぎたジャッキー吉川がパワフルなドラム演奏を披露し、大満足であった。あれがジャッキーを観た最後である。

令和2年の『ザ・GSコンサート』はコロナ禍のために中止になったが、終息すればまた開催するはずなので楽しみにしている。

この章の最後に、GSのカバーアルバムを紹介する。私が持っているのは2枚。1枚はチキン・ガーリック・ステーキというアカペラグループが出した『タイムスリップ』で、「想い出の渚」、「ブルー・シャトウ」、「長い髪の少女」、「好きさ好きさ好きさ」などが収録されており、アカペラのコーラスを生かした歌声がとっても素敵なのだ。伴奏までメンバーの声で表現しているのがミソである。

もう1枚は、最終章のレーモンド松屋の項で紹介する。

番外GSのこの1曲10選

「スワンの涙」　オックス

「雨のバラード」　ザ・スウィング・ウエスト

「朝まで待てない」　ザ・モップス

「遠い渚」　シャープ・ホークス

「真冬の帰り道」　ザ・ランチャーズ

「白いサンゴ礁」　ズー・ニー・ヴー

「太陽野郎」　バニーズ

「メランコリー東京」　ザ・ブルーインパルス

「霧の中のマリアンヌ」　レオ・ビーツ

「初恋の丘」　ザ・ビーバーズ

第5章

ニューミュージックのシンガーソングライターたち

副業歌手、荒木一郎の音楽性

昭和40年代以降のシンガーソングライターで、加山雄三に次ぐのが荒木一郎である。荒木は昭和19年生まれ、文学座で俳優の勉強をしているから、加山同様、本業は俳優だ。シンガーソングライターとして才能を表したのは、41年の「空に星があるように」から。

この名曲はどのようにして生まれたのか。それは東海ラジオの『星に唄おう』のＤＪを引き受けた際、番組テーマ曲を自分で作詞作曲した。それが「空に〜」で、番組から火がついて大ヒット、レコード大賞新人賞を受賞してしまう。

同年に「今夜は踊ろう」、42年には「いとしのマックス」と続けてヒット曲を飛ばす。どちらもエレキギターを使った楽曲だけあって、ＧＳと同じく若者の心をとらえた。「空に〜」が上質のバラードなのに対し、「今夜は踊ろう」と「いとしのマックス」はアップテンポでノリが良く、前奏を聴いただけで踊りたくなる。この3曲が前期の代表曲といえる。

それから数年間、本業の俳優として映画やテレビドラマに専念したことで、音楽活動は一時停止した。49年に活動を再開すると、またもや名曲が生まれる。「潮騒の街」、「あなたのいない夜」、そして、50年の「君に捧げるほろ苦いブルース」だ。「君に〜」の〝バイ、バイ、バイ〟というメロディが、フォークグループ、アリスが後年ヒットさせた「帰らざる日々」とそっくりなので、荒木は「パクられた」と不満を漏らしていたらしい。

「君に〜」のB面、「ジャニスを聴きながら」も良いメロディである。51年の「懐かしのキャシィ・ブラウン」と共に、荒木の音楽性の高さが表れたポップス系歌謡曲といえる。

以上の曲が収録されたアルバムもいいけれど、私のお勧めは『ベスト＆ベスト　ワン・ナイト・スタンド』だ。これは荒木をリスペクトする歌手が、彼の作品を歌ったトリビュートもの。森山良子の「空に星があるように」で始まる。森山の澄み切った美声によって、曲の良さがよくわかる。途中から荒木がハーモニーを付けるのも洒落ている。「今夜は踊ろう」は忌野清志郎が、「いとしのマックス」はクレイジーケンバンドの横山剣が歌っており、荒木に負けないくらいノリがいい。さらに、「ジャニスを聴きながら」をＢＥＧＩＮが、ラストに「君に〜」を宇崎竜童が歌うのだ。宇崎の歌と編曲が素晴らしく、荒木とのデュエットが泣かせる。このアルバムは荒木ファンだけでなく、それぞれの歌手のファンにも評判が良かった。荒木の音楽性が再評価されたアルバムといえる。

荒木にとって歌はあくまでも副業だったようで、歌手活動は極めて少ない。私が観たコンサートは、青山劇場、50周年記念のオーチャードホールでのコンサートだけ。けっして楽しげに歌っているわけではないのに大満足であった。曲の力なのである。

森山良子の歌声を避暑地で聴く

森山良子は昭和23年生まれだから、前章の団塊世代に入れるべきであろうが、何曲もの持ち歌を作曲、または作詞しているので、シンガーソングライターに入れた。

黒澤明監督の長男、久雄は成城学園高等学校で森山の先輩だった。久雄はブロード・サイド・フォーというフォークグループのメンバーで、「若者たち」というヒット曲がある。彼が森山にジョーン・バエズのレコードをあげたのがきっかけで、カレッジフォークのグループを結成したという。

レコードデビューは42年、自作の「この広い野原いっぱい」。初めて聴いた時はたいして印象に残らなかった。曲はいいけれど、歌は並みで、19歳の森山はまだ平凡だった。ヒットしたことで、「フォークの女王」と言われるようになったが、女王ってことはないと思った。当時の森山は、美声ではあったものの、歌が巧いとまでは言えなかったからだ。

44年に山上路夫作詞、三木たかし作曲の「禁じられた恋」が出た。ヒットメーカーによる歌謡曲だから当然ヒットして、レコード大賞大衆賞を受賞した。とたんに、「フォークの女王が歌謡曲の女王になった」と揶揄される。いつの世にも、こういうつまらんことを言う輩がいるものだ。歌謡曲ファンの私は、森山の歌謡曲を大歓迎した。

50年の「歌ってよ夕陽の歌を」は、「この広い～」同様、和製フォークソングだ。平成になってからも、ギターの弾き語りで歌う姿をテレビで観るたび、フォーク歌手としての矜持を感じる。

平成13年、「さとうきび畑」を聴いて感動し、「森山は日本のジョーン・バエズだ」と思い、これが彼女の原点なのだと認識した。15年の「涙そうそう」も同様にいい。BEGINの作曲、森山の作詞。大切な人を亡くしたことがある方ならば、必ず泣くと思う。私は、母が亡くなって遺影を選んだときのことを思い出して泣く。

18年には「やさしく愛して〜ラブ ミー テンダー」を作曲、布施明とデュエットしている。歌の巧さなら人後に落ちないご両人が、心を込めて歌うラブソングは、本家のプレスリーに匹敵する。本当なら、第2章の付記・「デュエットの名曲10選」に入れるべきだが、別格ということでここに紹介する。シングルカットで発売されているので必聴です。

アルバムとしては、『RYOKO MORIYAMA BEST OF THE BEST』がお勧め。「涙そうそう」、「さとうきび畑」はもちろん、「この広い野原いっぱい」や「禁じられた恋」など初期のヒット曲をセルフカバー。「ある日の午後」、「小さき花に歌を」、「あなたが好きで」など、あまり知られていない曲が収録されている。おまけに、近年好んで歌っているジャズのスタンダードナンバーが4曲も聴けるのでお買い得だ。

森山のコンサートが、軽井沢の大賀ホールで開催され、観に行ったことがある。そのチケットと軽井沢プリンスホテルのコテージ宿泊がセットになった高齢者向けツアーに参加したのだ。都内でなく、避暑地のホールで聴く森山の歌は格別であった。ジャズがメインだったが、サービス精神が旺盛な彼女は、一連のヒット曲を歌ってくれた。背中の開いたドレス姿が美しかった。避暑地が似合う歌手なんて、他にいないと思う。こんどは上高地か蓼科高原で聴いてみたい。

もちろんカバーアルバムもいい。『春夏秋冬』という題名で、松任谷由実の「春よ、来い」、サザンオールスターズの「真夏の果実」、山口百恵の「秋桜」などなど。最高はオフコースの「さよなら」（冬の歌です）で、小田和正に匹敵するきれいな高音を聴くと、森山に誂えたみたいに思える。最後に、アルバムのタイトルになった泉谷しげるの「春夏秋冬」で締めている。最上級の仕上がりと褒め称えたい。

井上陽水の才気

井上陽水は昭和23年生まれで、44年にデビューした。当時の芸名が「アンドレ・カンドレ」だったのは有名な話。47年に井上陽水として出したのが、「人生が二度あれば」である。『断絶』というアルバムで「傘がない」と併せて聴いたとき、今まで聴いたことがない個性的な歌声とメロディの美しさに魅了された。

48年には、ニューミュージックの名曲として今も伝わる「夢の中へ」と「心もよう」が大ヒット、一流のシンガーソングライターとして認知された。この2曲もいいですなあ。私は歌詞を見なくても歌える。

50年代に入ると、次々に傑作が出来た。官能的な「ジェラシー」、前奏を聴いただけで体が動き出す「リバーサイドホテル」、それに「いっそセレナーデ」だ。この曲には忘れられない思い出がある。

私がルポルタージュを書いていた頃、風俗関係の女性たちをインタビューした。ソープ嬢、キャバレーのホステスなどで、その日はストリッパーのインタビューのため、神奈川県内のストリップ劇場に出かけた。対象の踊り子さんが舞台に上がると、「いっそセレナーデ」が流れた。踊り子さんは、その歌に合わせて衣装を脱ぎ始め、見事なスローダンスを披露した。私は自分が好きな曲がストリップのBGMに使われたことが嬉しかった。洒脱な陽水のことだ、知れば喜んでくれるに違いないとも思った。

シンガーソングライターとしての評価は、他の歌手に提供した楽曲にどれだけいい曲があるかにもよる。陽水は59年、中森明菜に「飾りじゃないのよ涙は」を提供して大ヒットさせた。石川セリが歌った「ダンスはうまく踊れない」もけっこうな曲で、後年明菜がカバーしている。

平成に入っても陽水の才気は衰えを知らず、元年にニュース番組のエンディングテーマ曲として「最後のニュース」を歌い、3年には「少年時代」を出した。

カバーアルバムでは、13年に出した『UNITED COVER』がお勧めだ。西田佐知子の「コーヒー・ルンバ」、タイガースの「花の首飾り」、加山雄三の「旅人よ」、ザ・ピーナッツの「ウナ・セラ・ディ東京」もいいけれど、白眉は裕次郎の「嵐を呼ぶ男」だ。笑っちゃうくらい陽水がノリノリで、裕次郎が生きていたら、「ご機嫌だね」と言ったに違いない。

オリジナル曲、他の歌手に提供した楽曲、昭和の名曲のカバーと、3拍子揃ったことで、陽水の才気が尋常ではないことが証明されたわけである。

ガッテンしていただけたでしょうか。

矢沢永吉の凄みと泣き節

一度観に行きたいと思いながら、まだ行けずにいるのが矢沢永吉のコンサートである。私は矢沢の歌だけでなく、人物も好きなのだ。彼の生き方、哲学、美学など、男として羨望を感じる。修羅場をくぐった者しか持ち得ない凄みもまた魅力的だ。

47年にロックバンド、キャロルを結成し、ヒット曲を出したが、50年に解散。単身渡米する。その年にはソロ歌手として「アイ・ラブ・ユー、OK」をヒットさせている。

私は53年の「時間よ止まれ」あたりから聴くようになった。ただし、ロック歌手としての矢沢より、スローバラードの歌い手としての彼を評価する者なので、熱狂的な矢沢ファンとは一線を画する。とにかく彼がバラードを歌う際に使う泣き節が好きなのだ。

『E．Y 80'S』という80年代のヒット曲を収録したアルバムには、「涙のラブレター」、

「抱かれたい、もう一度」、「YES MY LOVE」、「LAST CHRISTMAS EVE」など、いいバラードが入っている。

『E.Y 90'S』には「ニューグランドホテル」、「ラスト・シーン」、「バラードよ永遠に」があり、最も泣けるのは「東京」だ。余談だが、矢沢の風貌は立川談志師匠に似ている。無精髭を生やした2人は特に。談志門下の談春が、新幹線の車中を歩いている矢沢を見つけ、師匠と間違えて反射的に立ち上がり、「ご苦労様です」と挨拶してしまった。矢沢は談春をファンと思ったらしく、「よろしく」と答えたので、そこで談春は矢沢と気づいたという逸話があるくらい。

師匠が存命中、私の夢は談志・矢沢の共演であった。舞台は談志独演会。師匠がトリで十八番の「芝浜」を演じる。「よそう。また夢んなるといけねえ」というサゲの台詞を言って頭を下げると舞台が暗転になり、「東京」の前奏が流れる。サプライズで袖から矢沢が登場して歌うのだ。歌い終わると師匠が再登場し、ご両人が握手する。そんな夢の舞台を想像して楽しんでいた。

矢沢は、「自分はシンガーソングライターではなくメロディメーカーだ」と言った。

作曲のみで作詞はしない。それは作詞が下手だからと。こういうはっきりした物言いも談志師匠と似ていて好きなのである。

コンサートには行きたいけれど、伴奏の大音響と、立ちっぱなし（スタンディングというらしい）で観るのが体力的に耐えられない。チケットの入手が困難ということもある。できれば、バラードだけのライブを観に行きたい。ジャズのライブハウスでやったことがあると知ったとき、行けずに悔しかった。また、ブルーノート東京かコットンクラブあたりでやってほしい。次は見逃さない。

谷村新司の曲は詞が泣ける

言わずと知れたアリスのメンバーである。アリスが活動したのは昭和46年から56年までで、再結成してからの活動期間を入れても、谷村新司がソロのシンガーソングライターとして活動した期間の方が長い。

谷村は昭和23年大阪生まれ、アリス時代から作曲とボーカルを担当していた。年代順にヒット曲を列記すると、「今はもう誰も」、「帰らざる日々」、「遠くで汽笛を聞きながら」、「冬の稲妻」、「チャンピオン」などがあり、ほとんどが谷村の作った曲だ。

54年には、アリスに在籍しながら「陽はまた昇る」を、55年には「昴―すばる―」をソロで歌って大ヒットさせた。ソロになるのは時間の問題だったわけだ。どちらもスケールの大きい曲だが、私は56年の「群青」を高く評価する。大作映画、『連合艦隊』の主題歌として作られた曲で、ピアノが奏でるメロディもいいが、とにかく歌詞が文学的なのだ。できればネット検索して読んでいただきたい。群青色の海に降る雪が、海に散った海軍兵士と重なり、涙なしには聴けない。矢沢永吉が「メロディメーカー」なら、谷村は言葉を紡ぐ「詩人」である。

お勧めしたいのは、『谷村新司　スーパー・ベスト』というアルバム。「昴」をはじめ、「群青」、山口百恵に提供した「いい日旅立ち」、その続編ともいうべきJRのキャンペーンソング「三都物語」、「ダンディズム」、「22歳」、「忘れていいの」が収録されている。「忘れていいの」は小川知子とのデュエット曲だが、ここではソロで歌う。

さらに、アリスの名曲、「帰らざる日々」と「秋止符」のソロバージョンが入っている。次の項で記す堀内孝雄とハモって歌うのもいいのだけれど、谷村が自分で書いた詞をワンワードずつ区切って、語りかけるように歌うのがたまらない。まさに詩人の本領発揮と言えよう。

日生劇場でのコンサートを観たとき、谷村の佇まいには男の色気があるのに気づいた。口髭がちょっと嫌らしい感じなのがよろしい。

今後も素敵な歌詞の曲を作ってくれることを願う。

堀内孝雄に「サンキュー!」と言いたい

堀内孝雄は昭和24年大阪生まれ、アリス時代の「秋止符」、「遠くで汽笛を聞きながら」、「ジョニーの子守歌」は彼の作曲だ。

53年にはソロで、「君のひとみは10000ボルト」をヒットさせる。その後、アリスが解散してソロ歌手に転向すると、フォークソングから歌謡曲にシフトチェンジした。61年の「愛しき日々」と、63年の「ガキの頃のように」で評価を高める。作曲家としては、山口百恵に提供した「愛染橋」が白眉である。谷村の「いい日旅立ち」に負けない哀感漂うメロディで、百恵の歌声にピッタリだった。こんないい曲を作ってくれたので、彼が歌い終わったときに叫ぶ「サンキュー！」という台詞を彼に献辞したい。

平成に入ると、２年の「恋唄綴り」でレコード大賞を受賞。この曲は「愛しき日々」と並ぶ堀内の代表曲となり、彼を語る上で外せない。「影法師」、「竹とんぼ」、「かくれんぼ」なども歌唱力が表れた曲だ。

堀内は歌手仲間との付き合いが良いと聞く。平成26年に杉田二郎、ばんばひろふみ、因幡晃、高山厳と「ブラザーズ５」というユニットを組んだのも、付き合いが良いからだろう。

メンバーの中で私が一番好きなのは因幡晃である。この人の「わかって下さい」はニューミュージックの名曲のひとつで、彼のアルバムで繰り返し聴いた。いや、今も聴いている。失恋した者が聴けば、必ず泣ける歌といわれる。「別涙《わかれ》」も同様。ベストアルバムにはその２曲の他に、「だから帰るわ」、「都忘れ」などが収録されており、ボーナストラックとして「わかって下さい」のフランス語バージョンもあり、これがまたいいので聴いてごらんなさい。

「ブラザーズ5」は期間限定だったようだが、再結成して、フォークの名曲とそれぞれの持ち歌を聴かせてほしい。

南こうせつと伊勢正三のリリシズム

フォークグループ、かぐや姫は昭和46年にレコードデビューし、48年の「神田川」の大ヒットにより、その名が全国に知れ渡った。フォークファンに「一番好きなフォークソングは?」と聞くと、「神田川」と答える人が多い。バイオリンが奏でる哀感あふれる前奏を聴いただけで涙腺が緩むと言う人さえいる。それは多分、恋人と安アパートで一緒に過ごした若き日を思い出すからで、歌は思い出を甦らせる力を持つ。一度でも恋人と銭湯に行ったことがある人は、あの歌詞で泣くはず。南のメロディもいいが、喜多條忠の詞がまた素晴らしい。これも活字で読んでほしい詞である。

49年には「赤ちょうちん」、「妹」がヒットして、同名の映画が日活で制作された。どちらも監督は藤田敏八、主演は秋吉久美子だった。ちなみに「神田川」は東宝で映画化され、主演は草刈正雄と関根（高橋）恵子である。秋吉も関根も若くて美しかった。ヒット曲と同じ題名で映画化されるのは、舟木一夫、坂本九の時代ならともかく、当時では珍しいことであった。それだけ人気があったということか。

昭和24年、大分県生まれの南は、かぐや姫解散後の51年に、「今日は雨」という曲でソロ歌手として再スタートした。そして、53年には「夢一夜」という傑作を作って歌う。これは正統派の歌謡曲で、南のメロディと阿木燿子の詞がたまらなくいい。若い女性目線の素敵な詞なので、平成に入って、坂本冬美、藤あや子、市川由紀乃、丘みどりなどが『新・BS日本のうた』で歌うのを聴いた。阿木の才能については次章のアイドル編で書くのでここでは触れないが、とにかく美しい感性の言葉が次々に出てくるのだ。私は、「夢一夜」が好きと言う女性を無条件に好きになる。

伊勢正三は昭和26年生まれで、かぐや姫時代に、得意のギターテクニックを生かした「22才の別れ」を作詞作曲、その才を表した。かぐや姫解散後、元「猫」の大久保一久とフォークデュオ「風」を結成して、「22才の別れ」は風の持ち歌になった。この曲の特徴はギター伴奏で、「神田川」同様、前奏を聴いただけで涙腺が緩む。伊勢はこの曲と、イルカが歌う「なごり雪」を作ったことで、歌謡史に名を残す。

余談だが、「なごり雪」もまた多くの歌手にカバーされていて、替え歌名人の嘉門達夫の替え歌にもなっている。タイトルは「なごり寿司」(笑)。ユーチューブで嘉門達夫を検索し、この傑作替え歌を聴いてほしい。歌い出しからして、「寿司を待つ君の横で僕は値段を気にしてる」だから大笑い。「なごり雪」の歌詞と比べると一層笑える。

伊勢は平成17年頃、「木綿のハンカチーフ」の太田裕美、「学生街の喫茶店」を歌ったガロの大野真澄と3人で、「なごみーず」というユニットを組んだこともある。アコースティックギターにこだわったグループで、それぞれがヒット曲を持っているわけだから、さぞかしいいライブであったろう。

25年には南こうせつと新ユニット「ひめ風」を結成、2人で「神田川」や「22才の別れ」を歌うテレビの歌謡番組を観た。「かぐや姫と風でひめ風か」と、感慨深く2曲を聴いたものだ。

小椋佳の顔に似合わぬ美しい旋律と歌声

小椋佳の歌を初めて聴いたとき、「こんな美声の持ち主はきっと美男子なんだろうな」と勝手に想像した。購入したLPレコードは『彷徨《さまよい》』というタイトルで、ジャケットに当人の写真はなく、ショートカットの美少女の写真があるだけだった。

小椋は昭和19年、台東区上野の生まれ。東大法学部卒業後、日本勧業銀行（後の第一勧銀、現みずほ銀行）に入行。銀行員でありながらシンガーソングライターの活動をした稀有な例である。

46年に「しおさいの詩《うた》」で歌手デビュー、『彷徨』は47年に発売された3枚目のアルバムだ。これには初期の傑作、「少しは私に愛を下さい」、「春の雨はやさしいはずなのに」、「木戸をあけて」、「あいつが死んだ」などが入っていて、美しい旋律と歌声にうっとりしたものだ。従って、初めて実物の小椋を見たときは、「こんな男だったのか」と驚いた。私は父から「男は顔じゃない、心意気だ」と教わったから、けして風貌を揶揄するわけではない。ただ、歌と風貌のギャップに驚いただけである。

それからも小椋は美しい曲を作り続ける。「めまい」と「揺れるまなざし」は聴くたびにうっとりする。ヒットはしなかったが、「甘いオムレツ」という曲が好きだ。小椋の母親が作った砂糖入りのカレーとオムレツの歌で、私の母親の料理を思い出して泣いた覚えがある。

一流のシンガーソングライターの証である他の歌手への提供曲は圧倒的に多い。布施明の「シクラメンのかほり」はセルフカバーしていて、色合いが異なる。布施が薄紅色のシクラメンなら、小椋は真綿色か。一カ所だけ音程が違うのは、布施ファン、または小椋ファンなら知っていること。気づかなかった方は確かめてみるといい。

シクラメン以前に、中村雅俊に書いた「俺たちの旅」は、小椋の歌の方が断然上。その他、提供楽曲としては、梅沢富美男の「夢芝居」が有名である。大衆演劇の花形役者に充てた中期の傑作で、梅沢は舞台でこの曲を歌い、かつ舞い踊る。彼にとって、財産になった歌だ。

さらに、井上陽水に「白い一日」の詞を、研ナオコに「泣かせて」を提供し、堀内孝雄には「愛しき日々」の詞を、五木ひろしには「山河」の詞を書いた。白眉は美空ひばりの「愛燦燦」。ひばりが晩年、この曲に出会ったことは、まさに「もって瞑すべし」である。

令和３年、小椋は77歳になり、思うところがあったのか、「遺言」として新しいアルバムを出した。『もういいかい』というタイトルで、それに応えるように、ある若手歌手が全曲小椋の作詞作曲によるアルバム『まあだだよ』を出した。この歌手については最終章の最終項で記す。

南佳孝のモダニズム

南佳孝は昭和25年、大田区生まれで、48年に松本隆のプロデュースによるアルバム、『摩天楼のヒロイン』でデビューした。私が彼のレコードを買ったのは、５枚目のシングル「日付変更線」で、Ｂ面の「プールサイド」と共に南の作曲、作詞は「日付変更線」が松任谷由実、「プールサイド」は来生えつこである。どちらもノリが良い曲で、南のギター伴奏が生きている。

54年の「モンロー・ウォーク」（作詞は来生えつこ）はさらにノリノリで、前奏を聴いただけで踊りたくなるのは、荒木一郎の「いとしのマックス」、井上陽水の「リバーサイドホテル」と共通する。この曲は郷ひろみが「セクシー・ユー」という題名に変えてヒットさせた。聴き比べると、違いがわかって面白い。

56年の「スローなブギにしてくれ」は、同名映画の主題歌である。エレキの弾き語りで、〝Want you（ウォンチュー）〟と歌い出す南がカッコ良かった。59年の「スタンダード・ナンバー」は、薬師丸ひろ子が「メイン・テーマ」という映画の主題歌として歌っている。

「モンロー・ウォーク」と並ぶ傑作は、「SCOTCH AND RAIN」で、57年リリースのアルバム、『セブンス・アベニュー・サウス』に入っている。素晴らしいギター演奏のメロディもさりながら、歌詞がいいのだ。「駄洒落」という単語を使った歌を他に知らない。駄洒落なんて、絶対歌の文句にはならないと思っていたので感激だった。私が所有のCD、『モンロー・ウォーク』には、前述した6曲が収録されているのでお買い得だ。

平成23年に出した『スマイル&イエス』は、南佳孝の集大成ともいうべきアルバムで、還暦を過ぎてもなお、ギターテクニックが進化していることに感服する。

桑田佳祐は天才だ！

昭和53年のことである。親しい友人が興奮気味にやって来て、「凄いレコード見つけたから聴いて」と、我が家のプレーヤーにセットした。流れてきたのが「勝手にシンドバッド」だった。サザンオールスターズというバンドのファーストアルバム、『熱い胸さわぎ』だと聞かされた。それから40年以上もたつのに、桑田佳祐は現役バリバリで、定期的に新曲を出している。

桑田は31年生まれで、茅ケ崎市出身。青山学院大学時代に仲間とサザンオールスターズを結成した。ファーストアルバムが評判となり、54年の「いとしのエリー」で大ブレイクする。この曲の何が凄いかといえば、レイ・チャールズがカバーしていること。レイはアメリカのレジェンドである。そんな偉大な歌手に歌われたのだから、それだけで尊敬に値する作曲家なのだ。

「C調言葉に御用心」、「いなせなロコモーション」、「栞のテーマ」、「チャコの海岸物語」とヒット曲を出し続け、57年にメンバーのキーボード奏者、原由子と結婚したことで桑田の創作活動はさらに拍車がかかった。

私がハマったのは57年の「匂艶ザ・ナイトクラブ」だ。匂艶と書いて「にじいろ」と読ませるなんて、桑田以外には許されまい。歌詞を読むと、天才としか思えない言葉の羅列がある。谷村新司が練りに練った言葉を紡ぐ古典的な詩人なら、桑田は感性の赴くまま言葉を発する前衛的な吟詠詩人だ。時に意味不明の歌詞もあるけれど、談志師匠の言う「イリュージョンの世界」に近い。師匠もまた天才だから、ひょっとして2人は話が合ったかも知れない。

談志師匠のライバルと言われた古今亭志ん朝師匠は、熱烈なサザンファンであった。師匠が亡くなった際、告別式の会場にはサザンの歌が流れていた。ご遺族の要望と聞いて、師匠がファンなのを初めて知った。各界にサザンファンはいるだろうが、志ん朝師匠がその1人とは思わなかった。

桑田は自分を「ポップス歌手」と自称するが、歌謡曲を歌っても巧いので、ポップス歌手と決めつけたくない。その証拠のＤＶＤが、平成21年に出した『ひとり紅白歌合戦』と、25年の『第2回ひとり紅白歌合戦』だ。この中で、桑田は歌謡曲を歌いまくっている。ザ・ピーナッツ、加山雄三、西郷輝彦、森進一、八代亜紀、奥村チヨ、クール・ファイブ、さらにＧＳとニューミュージックの名曲を数十曲も。どの曲を歌っても桑田流にしてしまうのが凄い。

バラード好きの私としては、「ミス・ブランニュー・デイ」や「エロティカ・セブン」、「マンピーのＧ★ＳＰＯＴ」といったロック調より、「真夏の果実」、「素敵なバーディー」、「ＴＳＵＮＡＭＩ」の方がいい。アップテンポであっても、「涙のキッス」と「秘密のデート」、「ホテル・パシフィック」はノリがよくて大好きだが。

当然のことながら、桑田が他の歌手に提供した楽曲も傑作ぞろいだ。中村雅俊の「恋人も濡れる街角」、高田みづえの「私はピアノ」、研ナオコの「夏をあきらめて」などなど。最近では、令和2年に坂本冬美に頼まれて書いた「ブッダのように私は死んだ」がある。これについては坂本冬美の項で詳しく述べる。

桑田佳祐は才能が枯れることを知らず、今も現役のシンガーソングライターとして君臨する。自分より年下で私が尊敬する人物は、桑田佳祐その人である。

TUBEのノリの良さ

夏になると、冷やし中華やかき氷を食べたくなるのと同じように、TUBEの歌が聴きたくなる。ボーカルの前田は、ハスキーな桑田と対照的に、伸びのある澄んだ高声が特徴だ。浪曲に例えれば、桑田が廣澤虎造で前田が京山幸枝若か。こう言ってわかる方は少なかろうが。

このバンドは高度な演奏テクニックがあるので、前田の歌が一層引き立つ。昭和61年のヒット曲、「シーズン・イン・ザ・サン」はTUBEのテーマソングになっている。

誰もが傑作と讃えるのは、平成2年の「あー夏休み」であろう。初めて聴いたとき、あまりのノリの良さに、自然と体が動き出した。3年の「湘南マイラブ」、「さよならイエスタデイ」、4年の「ガラスのメモリーズ」、5年の「夏を待ちきれなくて」あたりは、歌謡曲の雰囲気がある歌なので嬉しくなる。

５年には「あー夏休み」に匹敵する傑作、「だって夏じゃない」をヒットさせた。これまた前奏を聴いただけで自然に体が動き出す。６年の「夏を抱きしめて」、７年には「ゆずれない夏」、「あの夏を探して」と、これだけ「夏」が入ったタイトルの曲ばかり歌っているバンドは他にいない。ただ、あまりに夏のイメージが強すぎて、春、秋、冬は暇なのではと、他人事ながら心配になる。

もう夏物のタイトルは出尽くしたと思っていたら、10年に「花火」、16年には「夏祭り」を出した。「こいつら、いい根性してるわ」と感心したものだ。

かくして、令和になっても、冷房を入れる時期になると、「ＴＵＢＥ、始めました」という貼り紙を出したくなる。

世良公則はワイルドだった

世良公則は昭和30年生まれで、広島県福山市出身。大阪芸術大学在学中に「ツイスト」というバンドを結成し、52年夏に、「ヤマハポピュラーソングコンテスト」に出場した。世良の作による「あんたのバラード」を自身で歌い、見事グランプリを獲得する。

この年の世界歌謡祭にも出場、グランプリに輝くのだから、たいしたアマチュアバンドである。同年、世良公則&ツイストとして、「あんたのバラード」でメジャーデビュー。世良のワイルドな歌声と、ド派手なアクションがテレビ的に受けたこともあって、ファンを増やした。

私は世良の歌声が気に入ったし、歌う姿に男性フェロモンたっぷりの色気が漂うことに注目した。いい男だし、クールな雰囲気がありながら温かみも感じる。この人は役者になっても売れたろうにと思った。後年、それが的中するのだが。

その後も「宿無し」、「銃爪《ひきがね》」、「性《さが》」などのヒット曲がある。いずれも世良の作詞作曲で、基調はロックだが歌謡曲のテイストもあり、「歌謡ロック」と言われたのも納得だった。

54年には、「燃えろいい女」が、化粧品のキャンペーンソングとして使われたこともあって大ヒットした。当時は、ニューミュージック系の歌を化粧品のテレビコマーシャルに使うことが多かったようだ。小椋佳の「揺れるまなざし」、堀内孝雄の「君のひとみは１００００ボルト」、ラッツ＆スターの「め組のひと」がそうである。

世良はテレビドラマ『太陽にほえろ！』の刑事役に抜擢されたことで、俳優としても活躍し始めた。61年の東映映画、『極道の妻たち』にはヤクザ役で出演、かたせ梨乃と濃厚なラブシーンを演じた。私の適性評価が当たったわけだ。

グループサウンズのメンバーには、俳優として活躍する人が多いと前章で述べたが、世良は萩原健一、寺尾聰、岸部一徳と並び立つ役者になった。特筆すべきは、時代劇でもいい役を演じていること。テレビ時代劇で織田信長、『忠臣蔵』の堀部安兵衛などに扮し、『鬼平犯科帳』の劇場版では、盗賊の狐火の勇五郎に扮して中村吉右衛門と渡り合った。ツイストを知らないで時代劇を観た人は、若い頃にスタンドマイクを振り回して歌っていた世良が想像できないと思う。

平成に入って、世良が「ＳＥＲＡＢＡＮＤ」というアコースティックギターのバンドを結成して、ライブを開催していることは知っていた。その活動が実を結んだのは、平成19年リリースした『ジャカランダ』というアルバムだ。ジャカランダとは、高級ギターの材料となる木の名前とか。

ツイスト時代のヒット曲を含めて12曲、すべてがアコースティックギターの伴奏で歌われている。若い頃のワイルドさを残しつつ、成熟した男の渋さもあって、その歌声に魅了された。ギター演奏は世良自身と、アメリカの有名ギタリスト、ダグ・アルドリッチが務めていて、2人のギターテクニックが半端でない巧さなのだ。「あんたのバラード」にしても「宿無し」、「燃えろいい女」にしても、ツイスト時代のよりも断然いい。

アマチュアバンドからスタートし、メジャーデビューして人気者になり、俳優として活躍している男が、50歳を過ぎてから原点に戻って、ギター1丁で歌っている。それがとってもかっこよく思えた。

近年もアコースティックギターのライブをやっているので、コロナ禍が収まったら観に行くつもりでいる。

小田和正の「甲《カン》の声」は値打ちがある

またもや浪曲の話で恐縮だが、浪曲師は高音を「甲《カン》の声」、低音を「乙《オツ》の声」と言う。その伝でいえば、小田和正はＴＥＢＵの前田同様、カンの声で売る歌手といえる。

小田は昭和22年、横浜生まれで、オフコースのリードボーカルだったことは誰もが知るところだ。正直言って、オフコース時代はそれほどいいとは思わなかった。

恥ずかしながら、ＣＤを聴くようになったのは平成3年に「ラブ・ストーリーは突然に」が２５０万枚を超えるミリオンセラーになってから。フジテレビのドラマ、『東京ラブ・ストーリー』の主題歌である。私としては小田のベスト3に入れたい。他の2曲は、オフコース時代に作った「さよなら」と、14年の「キラキラ」だ。「さよなら」は切ないメロディに小田のカンの声が涙を誘う。

「キラキラ」はこれまたフジテレビのドラマ、『恋ノチカラ』の主題歌。私は主演を務めた深津絵里の大ファンなので、毎週楽しみに観ていた。『小田和正　自己ベスト』というアルバムでは、「キラキラ」が1曲目なので嬉しかった。「自己ベスト」と銘打つだけあって、ここに取り上げた曲以外にも、「愛を止めないで」、「言葉にできない」、「伝えたいことがあるんだ」など、代表曲が収録されている。聴いてるうちに心が洗われる。小田の歌声はカタルシスを誘う心の洗剤だ。

このアルバムで十分満足していたら、『自己ベスト2』が出たのでまた買ってしまった。「こころ」をはじめとして、「まっ白」、「そのままの君が好き」、「たしかなこと」などが入っていて、二番煎じではないクオリティであった。まさか『自己ベスト3』は出ないだろうな。まあ、出たら買いますけど。

八神純子のクリスタル・ボイス

八神純子は昭和33年生まれで、愛知県出身。53年1月の誕生日に、「思い出は美しすぎて」でデビューした。それまでにも歌手活動はしていたようだが、本格的なデビューはこの年である。透明感のある歌声は、「クリスタル・ボイス」と言われた。同年の「みずいろの雨」もしかり。歌い出しの伸びやかな声の美しさといったらない。まさに高級クリスタルだ。

54年の「想い出のスクリーン」と「ポーラースター」で、シンガーソングライターとしての地位を確立したと言っていい。どちらもいい曲で、現在までコンサートで歌い継がれている。

55年にアメリカのロスに渡り、ホームステイしたことが、後の人生に影響を与えた。帰国後に出した「パープルタウン」は60万枚売れたが、61年にイギリス人の音楽プロデューサーと結婚し、生活の拠点をアメリカに置いたため、音楽活動から遠のいた。

平成に入ってしばらくすると、毎年帰国してコンサートを開くようになった。活発化したのは平成23年の東日本大震災後である。支援活動の一環として、被災地で小さなライブを催したのだ。

『VREATH―My Favorite Cockey Pop―』というアルバムは、持ち歌は「思い出は美しすぎて」だけで、「涙をこえて」、「時代」、「ナオミの夢」、「サルビアの花」などのカバー曲が中心である。デビュー当時と比べると、当たり前だが年を重ねた分、テクニックが巧みになっていた。ただ、クリスタル・ボイスだけは今も変わらない。

竹内まりやの「駅」論

竹内まりやは、最初のヒット曲、昭和55年の「不思議なピーチパイ」からして、ポップス系だし、オールディーズやビートルズのカバーアルバムを出しているくらいだから、彼女を歌謡曲のジャンルに入れることに異論のある方がいるだろう。

しかしながら、63年の「元気を出して」、平成元年の「シングル・アゲイン」、2年の「告白」、10年の「カムフラージュ」など、歌謡曲の色合いが濃い曲もある。そして、ここで論じる稀代の名曲、「駅」の歌詞の内容は、まさに「艶歌」なのだ。

竹内が他の歌手に提供した楽曲としては、アン・ルイスの「リンダ」や河合奈保子の「けんかをやめて」が知られているが、圧巻は「駅」である。この曲は昭和61年、中森明菜のために作られ、アルバム中の曲として世に出た。後に竹内がセルフカバーしている。「歌は3分間のドラマ」というフレーズを、ちあきなおみの「喝采」で使ったが、「駅」

はもうちょっと長い5分間のドラマである。２年前に別れた恋人を駅のホームで見かけたヒロインが、同じ電車の隣の車両に乗って彼を見つめている。付き合っていた頃のこと、別れたときのことなどを思い出し、自分だけが彼を愛していたのだと認識する。そして、２人はそれぞれの伴侶が待つ家庭に帰るのだ。なんと哀しく切ない物語であろう。

竹内の詞が素晴らしいのは、彼の後ろ姿が人波の中に消えていくシーンをエンディングにしたこと。２人はいつもと同じ生活に戻る。日常の中で遭遇した出来事を詞にして、哀感あふれるメロディを付けた。最上の仕事と褒め称えたい。

「駅」を聴いて泣いた女性は悲しい恋をした経験がある人で、泣けない人は、悲しい恋をしたことのない人だ。私は男なので、２年前と同じレインコートを着ていたヒロインの元カレの気持ちになって聴いた。それでも中森明菜の歌には泣けた。明菜の項で再度触れたい。

来生たかお・えつこは、最強の姉弟コンビだ

来生たかおは昭和25年東京生まれ、姉のえつこは2歳上である。たかおは51年から、シンガーソングライターとしてコンサート活動を行っていた。歌手に提供した楽曲はなんと400曲を超えるという。女性の曲が多く、アイドル歌手だけでも、山口百恵、松田聖子、中森明菜、河合奈保子、薬師丸ひろ子と、そうそうたる顔ぶれが並ぶ。

ニューミュージック系では大橋純子の「シルエット・ロマンス」が素晴らしい。たかおのメロディとえつこの歌詞が融合して、何度聴いても飽きない名曲に仕上げた。歌謡曲系では、伊東ゆかり、布施明の他、五木ひろし、森進一、島倉千代子といった演歌歌手にも作っている。才能にあふれる作曲家と言えよう。

薬師丸ひろ子が『セーラー服と機関銃』という映画に主演した際、主題歌を依頼されて「夢の途中」を姉弟で書いた。それがなぜか薬師丸のレコードでは、「セーラー服と機関銃」という題名になっていた。そこでたかおは、セルフカバーで「夢の途中」として歌っている。クリエイターの意地であろう。

私はたかおが淡々と歌う「夢の途中」が好きだ。明菜の「セカンド・ラブ」も、大橋の「シルエット・ロマンス」も、たかおが歌うと、違うテイストの曲として聴ける。だから、たかおはシンガーとしても一流といえる。

えつこは作詞家として、南佳孝の「モンロー・ウォーク」を書いている。とってもいい歌詞で、郷ひろみが「セクシー・ユー」という題名に変えてカバーした際は詞を変えた。いい仕事をするお姉さんだ。

作詞作曲する夫婦としては、宇崎竜童・阿木燿子が随一だが、姉弟で作詞作曲するのは来生姉弟くらいで、最強の姉弟といえる。

この歌手のこの1曲10選（女性編）

「氷雨」　日野美歌
「池上線」　西島三重子
「どうぞこのまま」　丸山圭子
「経験」　辺見マリ
「ゆうべの秘密」　小川知子
「愛するってこわい」　じゅん&ネネ
「折鶴」　千葉紘子
「みずいろの手紙」　あべ静江
「愚図」　研ナオコ
「かもめが翔んだ日」　渡辺真知子

第6章

アイドルたちの名曲

中森明菜の表現力を評価したい

中森明菜は昭和40年生まれで、東京都清瀬市出身。57年、17歳の年に、来生たかお・えつこによる「スローモーション」でデビューした。初めて聴いたとき、「歌の上手な子だ」と思った。ただ、見た感じ、繊細さゆえの脆さを感じた。美しいけれど、扱いを誤ればすぐに壊れてしまうガラス細工、とでも言えばいいか。

2枚目のシングル、「少女A」は、歌詞の内容が過激であることから話題になり、ヒットした。しかし、私はこの歌が好きでない。わざと強がって、無理しているように思えた。

私が魅せられたのは、同年の「セカンド・ラブ」である。たかおの叙情的なメロディを歌いこなし、恋する少女の揺れる心を描いたえつこの歌詞を見事に表現していた。少女が歌ったこれほど美しいラブソングを他に知らない。「トワイライト―夕暮れ便り―」も含めて、来生姉弟の3曲が、10代の明菜の代表曲といえる。

59年は「サザン・ウインド」、「北ウイング」、「十戒」がヒットし、井上陽水が提供した「飾りじゃないのよ涙は」に圧倒される。陽水の世界を自分のものにして歌った明菜が、まだ19歳だったことに驚く。天性の才があったのだ。

そして60年、20歳の年に「ミ・アモーレ」でレコード大賞を受賞する。あまりに早く栄光を得たことで、これからこの子はどんな人生を歩んでいくのだろう、と心配になった。少女を見守る「おじさん」のような心境である。

61年に出したアルバム、『CRIMSON』に収録されている「駅」を聴いたとき、私は泣いた。こんな切ない歌を21の娘が歌ったことに衝撃を受けた。この曲は平成に入ってから数多くの歌手がカバーしているが、明菜の「駅」を超えるものはない。セルフカバーした竹内まりやでさえもだ。これだけは譲れない。

その後、「SAND BAIGE―砂漠へ―」、「DESIRE―情熱―」、「TANGO NOIR」、「TATTOO」、「難破船」と、昭和の最後までヒット曲を出し続けた。当時の人気歌番組、『ザ・ベストテン』（TBS）において、1位になったのがなんと17曲、歴代最多である。

しかし、私の心配は的中した。平成元年7月、24歳の年に自殺未遂を図ったのだ。某アイドル歌手との恋愛に破れたことが原因と伝えられる。私は大事にしていたガラス細工が壊れたような気分になった。明菜はその後、活動を1年間休止した。

平成2年には「水に挿した花」、3年には「二人静」を出したものの、印象に残っていない。復活を遂げたのは、6年に出したアルバム、『歌姫』だ。

『歌姫』はシリーズ化され、平成14年にはセルフカバーベストアルバム『歌姫ダブル・ディケイド』が出ている。これは新たなアレンジによるヒット曲のセルフカバーで、ある曲はサンバ、ボサノバ、サルサといったラテンミュージック風に、ある曲はタンゴ調に、またはフラメンコ風に歌っている。「北ウイング」のパーカッションは見事だし、「飾りじゃないのよ涙は」はビッグバンドをバックに、ジャズのスタンダードナンバーのノリで、「セカンド・ラブ」と「スローモーション」はピアノ伴奏でバラード風に歌う。さらに「駅」は、映画音楽のようなストリングス（弦楽器）の演奏で切々と歌うのだ。

本書では何度となく作曲家と作詞家をほめたが、このアルバムに関しては編曲者に賛辞を贈りたい。武部聡志氏、森村献氏、いい仕事をしました。「駅」の編曲はヴァイオリニストの千住明氏だ。ブラボー！

明菜は以前よりさらに歌が巧くなっていたし、表現力に深みが増していた。加えて、修羅場を乗り越えた女性ならではの凄みがあった。聴きながら、「明菜が生まれ変わった！」と歓喜したものだ。

平成29年の『歌姫〈スペシャル・エディション〉』もいい。すべて千住明の編曲で陽水の「ダンスはうまく踊れない」、山口百恵の「愛染橋」、中尾ミエの「片想い」、園まりの「逢いたくて逢いたくて」、岩崎宏美の「思秋期」、奥村チヨの「終着駅」などを歌っている。選曲が良くて聴きごたえがある。

もう1枚おススメは、『フォーク・ソング～歌姫抒情歌』。タイトル通り、フォークソングの名曲をカバーしている。「『いちご白書』をもう一度」、「さよならをするために」、「22才の別れ」、「冬が来る前に」、「わかって下さい」と、曲名を並べただけで嬉しくなる。特筆すべきは、冒頭にリリィの「わたしは泣いています」を入れたこと。これが明菜に誂えたような曲で、オリジナルを超えた。フォークソング世代には是非聴いていただきたいアルバムだ。

平成年間は数年に一度、コンサートを観に出かけ、元気な姿を見て安心していた。しかし、このところまるで姿を現していない。ずっと彼女を見守ってきたおじさんとしては、明菜のことが心配でたまらない。

郷ひろみは日本が誇るエンターテイナー

「郷ひろみが還暦を迎えた」と知ったときは驚愕した。私の周囲には、還暦過ぎても若々しい春風亭昇太みたいな芸人が何人もいるが、郷ひろみには負ける。落語家と比べては郷に失礼かもしれない。

昭和30年生まれ、福岡県出身。47年に「男の子女の子」でデビューした。本書ではお馴染みの岩谷時子作詞、筒美京平作曲だから、レコード会社の期待度がわかる。もちろんヒットして、たちまちアイドルになった。

48年の「裸のビーナス」もヒット、この時点で野口五郎、西条秀樹と共に「新御三家」と言われる。私は49年の「よろしく哀愁」からのファンだ。曲は筒美で詞は安井かずみ。安井は岩谷同様、才女と呼ぶにふさわしい女性である。「よろしく」と「哀愁」

をくっつけるセンスは、並みの感性でない。

50年の「誘われてフラメンコ」と51年の「あなたがいたから僕がいた」の作詞は橋本淳。こうして名前を並べると、郷は良いスタッフに恵まれたなあと思う。

その後も「バイブレーション（胸から胸へ）」、「ハリウッド・スキャンダル」、「マイレディ」と、毎年ヒットを飛ばす。55年には南佳孝作曲の「セクシー・ユー」が大ヒット。歌いながら踊る姿は、本当にかっこよかった。いや、今でも郷はかっこいい。

同年の「Ｈｏｗ ｍａｎｙいい顔」も良かったが、翌年の「お嫁サンバ」はそれを超えた。私は作詞の三浦徳子という方をよく存じ上げないが、この歌詞は演芸好きに受ける。「お嫁サンバ」って、お嫁さんとサンバをくっつけたダジャレでしょうが。小林旭が歌った「自動車ショー歌」と「恋の山手線」はダジャレのオンパレードだったが、それ以来のことだ。曲（小杉保夫）のリズムもサンバだけにノリがいい。結婚披露宴の定番ソングとして愛されているのが納得できる。「てんとう虫のサンバ」や「乾杯」よりずっとダジャレ、いや、オシャレだもの。

57年には、打って変わって洋楽のカバー曲、「哀愁のカサブランカ」でイメージチェンジした。郷がこんなバラードを歌えるようになったことに驚きつつ歓迎した。

59年には「2億4千万の瞳—エキゾチック・ジャパン—」が出た。元ブルー・コメッツの井上大輔の作、編曲で、コンサートでは最高に盛り上がる歌である。コロナ禍の前年に開催したコンサート映像を衛星放送で観たが、相変わらず切れのいいアクションと間奏のダンスは、還暦を過ぎた男には見えなかった。近頃の歌手の、体をクネクネさせる珍妙なダンスとは違って、とにかくかっこいいのだ。

平成に入ると、日本とニューヨークを行き来するようになり、以前ほど歌手活動に身が入らなくなった。平成4年から6年の間に出した、「僕がどんなに君を好きか、君は知らない」、「言えないよ」、「逢いたくてしかたない」は、「バラード3部作」と言われ、今でも郷ファンに人気がある。特に40歳の年に出した「逢いたくて〜」は、成熟した男の色気を感じさせ、代表曲のひとつになった。

その後はコンサート活動に力を入れ、歌だけでなく、ステージ衣装、ダンス、演出を含めた総合的なエンターテイナーとして高く評価されている。コンサートを観に行きたいけれど、女性ファンと一緒に立ち上がって、右手を突き上げながら「ジャパン！」と叫ぶのは恥ずかしい。矢沢永吉同様、バラード曲だけ歌うライブを待つことにしよう。

野口五郎は「私鉄沿線」以外の曲もいい

野口五郎は昭和31年生まれで、郷より1歳年下である。46年に演歌歌手として「博多みれん」でデビューした。これがヒットしていたら、演歌を歌い続けていたかも知れない。幸いにして次作の「青いリンゴ」がヒットしたため、アイドル歌手として認知される。

48年の「オレンジの雨」は筒美京平、「君が美しすぎて」は馬飼野俊一の作曲で、どちらも野口の張りのある声を生かしたいい曲だ。これらのヒットにより、郷、西城秀樹と共に「新御三家」と呼ばれる。

49年の「甘い生活」は布施明の「積木の部屋」と同じ、同棲生活をしていた男女が別れる内容で、聴き比べると甲乙つけがたい。

野口の人気を不動のものとしたのは、50年の「私鉄沿線」である。哀感あふれるメロディの作者は実兄の佐藤寛。どういう経緯で出来たのかは知らないが、歌謡史に残る名曲を歌い手の兄が作った例は他にない。山上路夫の詞もよければ筒美の編曲も素晴らしい。レコード大賞歌唱賞を受賞したのは当然で、大賞でもよかったと思う。

私鉄沿線を舞台にした曲としては、「この歌手のこの1曲10選」（女性編）に入れた西島三重子の「池上線」がある。作曲もした西島は、「野口に歌ってほしくて作った」と語っている。「池上線」は野口が歌ってもよかったろう。

50年は「夕立のあとで」、「哀しみの終るとき」がヒットした。51年、筒美の「針葉樹」も素敵なメロディで、年々歌が巧くなっていることがわかる。52年の「風の駅」、「季節風」、53年の「グッド・ラック」しかり。ただし、これ以後は俳優として活躍し始めたこともあって、ヒット曲は途絶えた。

平成に入ってからは、ドラマ出演が増え、ミュージシャンとしては、もともと好きで巧かったギター演奏に力を置くようになる。

平成28年に還暦を迎え、その後もコンサート、ドラマに活躍しているのは嬉しいことだ。あれだけの歌唱力があれば、当然カバーアルバムもいい。『五郎と生きた昭和の歌たち』という題名で、新御三家の盟友、郷の「あなたがいたから僕がいた」と、西城の「若き獅子たち」を歌っているのが一興。他に、「また逢う日まで」、「さらば恋人」、「危険なふたり」などが収録されている。白眉は狩人の「あずさ2号」だ。野口が弟、高道のパートを歌い、兄の久仁彦のパートは誰が歌っているかといえば、なんと布施明なのだ。野口と布施が兄弟の歌をハモるなんて考えられなかった。どっちが巧いかって？　野口には申し訳ないが、布施が勝っているように感じた。あくまでも贔屓目であるが。ともあれ、自身の代表曲、「私鉄沿線」と「甘い生活」も入っているので、必聴のアルバムである。

西城秀樹の悲劇

西城秀樹は昭和30年生まれだから、郷と同じ年だ。デビューも同じ47年だが、「恋する季節」は郷の「男の子女の子」と違ってヒットしなかった。レコード大賞新人賞は郷が受賞する。48年の「情熱の嵐」と「ちぎれた愛」のヒットで新御三家に入った。「情熱の嵐」は、歌の途中でファンが「秀樹！」と声をかける間がある。これが受けた。

さらに、49年の「傷だらけのローラ」で、郷と野口に並んだと言っていい。それほどこの曲はインパクトが強かった。「ローラ！」と叫ぶように歌うと、女性ファンが黄色い声を上げて熱狂したものだ。

52年の「ブーメラン・ストリート」と53年の「ブルースカイブルー」はどちらも阿久悠の作詞で、西城の人気をますます高めた。ファンに最も愛された曲は、54年の「YOUNG MAN（Y・M・C・A）」であろう。客が合唱できる曲で、皆で〝Y・M・C・A〟と両手で英文字の形を示す仕草をするのが楽しく、大ヒットしたのもうなずける。

そんな西城も、58年の「ギャランドゥ」以後、ヒット曲に恵まれず低迷する。平成15年に脳梗塞で倒れ、過酷なリハビリ生活を送った。これが悲劇の始まりである。

NHKの歌番組で復帰のステージを観たが、身体が不自由な様子も言語障害もないようで、ヒット曲を歌うのを聴いてホッとしたものだ。しかし、23年に再発してしまう。

27年の還暦祝いのライブ、『ヒデキ、還暦！』（カレーのルーのCM、「秀樹、感激！」のもじり）に、サプライズで野口五郎が、バースデーケーキを載せたカートを押しながら登場して西城を感激させた。

3年後の平成30年、闘病の甲斐もなく亡くなった。享年63。私は古希になった西城が、〝Y・M・C・A〟のアクションで歌う姿を観たかった。

森昌子は歌の巧さが際立っていた

森昌子は昭和33年生まれで栃木県出身。46年10月に日本テレビで始まったオーディション番組、『スター誕生！』に出場し、初代グランドチャンピオン（後の最優秀賞）に輝く。47年のデビュー曲「せんせい」は、阿久悠作詞、遠藤実作曲というヒットメーカーによるもので大ヒットした。

同年に、『スター誕生！』が輩出した山口百恵と桜田淳子がデビューしたので、3人は「花の中三トリオ」と呼ばれる。百恵、淳子と比べると、昌子はショートカットで子供っぽく、どこか田舎臭い感じがしたが、歌の巧さは飛び抜けていた。少なくともアイドル歌手のレベルは超え、本格的な歌手としての将来を嘱望された。落語家で言えば、前座の頃から落語がうまかった春風亭小朝みたいである。

48年には「中学三年生」がヒット、これも阿久・遠藤による曲だ。昌子はその年の紅白歌合戦に15歳で初出場、これは当時の史上最年少記録である。49年のヒット曲、「おかあさん」は、春の選抜高校野球大会の入場行進曲になった。

ここまではアイドル歌手としての昌子の足跡だ。3年後の52年に、転機となる曲と出会う。それが市川昭介作曲の「なみだの桟橋」。市川といえば、都はるみに多くの曲を作った大家で、「なみだの桟橋」を聴くと、「涙の連絡船」とよく似ていることに気づく。サビのパートなどは、都が歌っているのではと思うほど。昌子はこの曲で演歌歌手になった。

53年の「彼岸花」と「津和野ひとり」で、本格的に演歌路線に乗り入れ、54年には新宿コマ劇場で史上最年少の座長公演を行った。56年にはこれまた史上最年少で紅白歌合戦のトリを務める。歌ったのは、「哀しみ本線日本海」。荒木とよひさ作詞、浜圭介作曲で、全編泣き節という名曲だ。前奏と最後に、日本海の波音が効果音として入っているのが歌を引き立て、最上級の艶歌に仕上がった。

57年の「立待岬」は浜の作曲、作詞は「喝采」、「紅とんぼ」を書いた吉田旺だから、悪かろうはずがない。58年の「越冬つばめ」（石原信一作詞・篠原義彦作曲）は、レコード大賞最優秀歌唱賞を受賞し、「悲しみ～」と共に代表曲になった。若くして歌の才を表した少女が、期待に応えて名人になったわけだ。

さらに59年の「寒椿」、60年の「愛傷歌」とヒットを続けたが、61年に森進一と結婚したことで、第一線から退いた。

その後の昌子については、ゴシップが多いのであえて記さない。復帰後はコンサートを活発に行い、相変わらず名人級であるとだけ記しておく。

山口百恵の潔さ

山口百恵は昭和34年生まれだから、森昌子より1歳年下である。昌子と同じ『スター誕生！』に出たことで芸能界入りした。48年に「としごろ」でデビューするが、この曲はヒットしなかった。第2弾の「青い果実」のヒットで、「花の中三トリオ」が出来る。

「青い果実」と49年の「ひと夏の経験」の歌詞は、年端のいかない少女の性行為を連想させるとの批判があった。レコード会社は承知の上で、「青い性路線」などと位置付けた。私はそういうあざとい商法が大嫌いなので、ちっともいい曲だとは思わなかったし、百恵のことも好きではなかった。

見直したのは51年に出た「横須賀ストーリー」からだ。作曲が宇崎竜童、作詞は阿木燿子。百恵の個性をよく理解している夫妻と出会ったことは、百恵にとって幸甚であった。52年の「イミテイション・ゴールド」も夫妻の曲だ。同年には、さだまさしが作った「秋桜」というヒット曲がある。メロディはいいけれど、歌詞は評価しない。結婚を控えた娘を持つ母親の年齢は50代のはずなのに、まるでおばあさんのように思えるから。私はさだ嫌いなので、偏見があるのかも知れないが。

53年の「プレイバックＰＡＲＴ２」もまた宇崎・阿木による傑作だ。この年は、谷村新司の「いい日旅立ち」を大ヒットさせた。同じシンガーソングライターが書いた曲としては、「秋桜」よりも優れている。

54年には「美・サイレント」、「しなやかに歌って」があるが、堀内孝雄の「愛染橋」

にはかなわない。元アリスの２人が、揃って名曲を提供したことに驚く。この年のリサイタルで、「私が好きなのは、三浦友和さんです」と、映画で何度も共演した俳優の実名を告白して話題になった。そして55年に婚約発表、芸能界引退を表明したのである。

なんという潔さであろうか。芸能プロダクション、レコード会社、テレビ局、ラジオ局、出版社、多くの関係者が、金の卵を産む歌手を失ってさぞかしがっかりしたことだろう。そんな連中に対して、私は「ざまあみろ」と喜び、百恵の決心を支持したものだ。

55年10月５日、日本武道館でファイナルコンサートを開き、ラストソング、「さよならの向う側」を歌い終えると、ステージ上にマイクを置いて舞台袖に引っ込んだ。

主役の舞台俳優は「出」と「幕切れ」が肝要と言われるが、百恵は見事な幕切れを見せた。偉大な歌手であり、女優であった。

引退後、一切マスコミに姿を見せないことにも彼女の潔さを感じる。２人の息子を育て上げ、長男は歌手、次男は俳優になった。芸能人としてだけでなく、妻として、母親として幸せな人生を送ったのは、芯の強さがあったからだと私は思っている。

桜田淳子に何があったのか

桜田淳子は昭和33年生まれだから、森昌子と同じ年だ。47年に『スター誕生!』に出場し、25の芸能プロとレコード会社にスカウトされたという記録を持つ。それにしても、『スター誕生!』という番組は、歌謡界に多大な貢献をしたものだ。花の中三トリオの他にも、中森明菜、後述する岩崎宏美を輩出している。他にどんな歌手が出たのか調べてみた。まずピンク・レディー、片平なぎさ、石野真子、柏原芳恵、小泉今日子、岡田有希子、男性歌手は新沼謙治、城みちる。46年から58年までの13年で、これだけの人材を輩出したことは驚くべきことだ。番組関係者に賛辞を贈る。

さて、桜田淳子であるが、48年に「天使も夢みる」でデビューしたもののヒットせず、第3弾の「わたしの青い鳥」(阿久悠作詞)のヒットで「花の中三トリオ」に連なった。この曲で新人賞を総なめし、百恵に先んじる。〝クック、クック〟と鳥の鳴き声を歌うのが可愛らしく、昌子、百恵よりもアイドルっぽかった。

その後、「夏にご用心」、「気まぐれヴィーナス」とヒットが続いた。昌子が市川昭介と、百恵が宇崎・阿木夫妻と出会ったことで大人の歌手に変身したように、淳子は中島みゆきと出会ったことでひと皮むけた。52年の「しあわせ芝居」、53年の「追いかけてヨコハマ」である。

中島に関しては、本来シンガーソングライターの章で取り上げるべきだが、私は彼女のCDを1枚も持っていないので、書く資格がない。ただし、中島が他の歌手に提供した楽曲の評価は高い。私が所有する『想いうた 歌姫フォーク歌謡曲』というアルバムには、淳子の2曲と併せて、研ナオコに提供した「あばよ」、「かもめはかもめ」が収録されている。どれもホントにいい曲なのだ。特に「しあわせ芝居」の歌詞の巧みさといったら舌を巻く。それを淳子が一途に歌っている。そう、彼女の特徴は「一途さ」なのである。

54年に「サンタモニカの風」というヒット曲を出した前後から女優業にシフトチェンジしていく。53年には名優、長谷川一夫の芝居、『おはん長右衛門』の相手役に指名され、54年には市川崑監督の横溝正史シリーズ、『病院坂の首縊《くく》りの家』に出演した。どちらも淳子は一途に熱演し、好評を得た。

55年にはミュージカル、『アニーよ銃をとれ』に主演して、ミュージカル女優として認められた。高倉健主演の映画、『動乱』で演じた青年将校の新妻役も印象深い。58年、小椋佳が作った「眉月夜」を最後に、歌手活動を停止してしまう。

平成に入って、彼女の人生を左右する何があったのか、宗教団体「統一教会」に入信し、平成4年に行われた同教会の合同結婚式に参加して世間を驚かせた。若い頃、淳子のファンだった人にとっては、さぞやショックであったろう。元アイドルが、何かと世間を騒がせる宗教団体の信者だったのだから。それも淳子の一途さゆえであろうか。

その後の消息は知らない。菅原洋一の歌ではないが、「知りたくないの」である。

オーケストラの伴奏が合う岩崎宏美の歌声

中森明菜の次に好きなアイドルは岩崎宏美で、花の中三トリオよりも好きだった。宏美は昭和33年生まれ、江東区木場の出身。父親が会社経営者ということは社長令嬢である。小学生の頃には歌のレッスンをしていたというから、歌うのが好きだったのだろう。

後を追って歌手になった妹の良美と、よくハモって合唱していたらしい。

　中学３年生のとき、『スター誕生！』に出場、堀越高校に入学した49年に最優秀賞に輝く。そして50年、「二重唱（デュエット）」でデビュー。阿久悠作詞、筒美京平作曲となれば、ヒットは約束されたようなものだ。初期のヒット曲は２人の作が多い。

　いかにも「育ちの良いお嬢さん」といった雰囲気に好感を抱いた。しかも歌声が美しい。２枚目のシングル、「ロマンス」を聴くと、デビュー当時と中年になってからの歌声がたいして変わらないのに驚く。つまり、上手なまま年を取ったといえる。

「ロマンス」は90万枚の大ヒットで、新人賞を総なめにした。紅白歌合戦ではトップバッターを務める。ちなみに、この年の新人賞を競い、一緒に紅白に出た男性歌手は誰でしょう？　答えは、「心のこり」の細川たかし。２人が同期だと思うと、なぜか笑ってしまう。私、馬鹿よね。

　同年の「センチメンタル」は、春の選抜高校野球の入場行進曲になった。61年の入場行進曲は妹・良美の「青春」（アニメの主題歌「タッチ」のB面）なので、姉妹揃っては稀有な例である。

52年に堀越高校を卒業、その年の秋に名曲と出会う。阿久悠作詞、三木たかし作曲の「思秋期」だ。レコード大賞の歌唱賞を受賞したことくらいでは、この曲の価値は測れない。

初めて聴いたとき、「なんて美しいメロディなのか」と感心した。ストリングスの演奏が心の琴線に触れ、宏美の歌声はまるで天使のようだ。「この曲を歌い続けることで、彼女は一流歌手の地位を保つであろう」と確信した。

メロディだけでなく、詞も素晴らしい。CDを持ってない方は、ネットで検索してほしい。宏美は初めて歌詞を読んだとき、「阿久先生は、18歳の女の子の気持ちがどうしてこんなによくわかるのだろう」と思ったと語っている。それほど10代女性の心理を巧みに描いた歌詞である。

「思秋期」以後、「二十才前」、「シンデレラ・ハネムーン」、「春おぼろ」、「万華鏡」と、ヒット曲を連発した。55年のコンサートでは、日本フィルハーモニー交響楽団の伴奏で歌った。そのことが後の偉業の布石となる。

この時期の曲で好きなのは、56年の「すみれ色の涙」。ブルー・コメッツの項で述べたように、メンバーの小田啓義が作り、井上忠夫と三原綱木が歌った。それを宏美が歌うと、まるで違った曲に聴こえる。どちらがいいかと問われれば、それはやっぱり女性の方がいい。

57年には「思秋期」と並ぶ代表曲、「聖母たちのララバイ」が出た。これは日本テレビの『火曜サスペンス劇場』のエンディングテーマ曲で、高視聴率のドラマとあって大ヒットする。その後、私が知る限りではこれといったヒット曲はなく、コンサートとライブの活動をしていたようだ。平成10年からライブハウスで、アコースティック楽器の伴奏で歌うライブを続けていたらしい。

そして19年、日本人歌手としては画期的なコンサートを催す。会場はチェコのプラハにあるドヴォルザーク・ホールで、チェコフィルハーモニー管弦楽団の伴奏で歌うという。そんなこと、並みの歌手ではありえない。それを宏美は50歳になる直前にやってのけた。

コンサートの模様をＮＨＫの衛星放送で観た。居並ぶオーケストラをバックに、「ロマンス」を歌う宏美は輝いていた。心底「美しい！」と思った。小坂明子のヒット曲、

「あなた」は、オリジナルの数倍も良かった。極めつけは「思秋期」だ。ヴァイオリニストやチェリストが奏でる三木のメロディは、宏美同様に美しい。可愛らしかった少女が今、有名な交響楽団の伴奏で歌っている。感慨深く、涙が出そうになった。名曲には時の流れを超越した力がある。このコンサートで歌ったものから12曲を収録したアルバムのタイトルは、『PRAHA』という。

私のお勧めは、コンサートの3年前から出し続けているカバーアルバムシリーズの4枚目、『Dear FriendsⅣ』。中島みゆきの「糸」、テレサ・テンの「別れの予感」、明菜の「飾りじゃないのよ涙は」、ハイ・ファイ・セットの「フィーリング」などが収録されており、ボーナストラックとして、ドヴォルザーク・ホールで歌った「思秋期」が入っている。おまけに、妹良美とデュエットした「夢で逢えたら」も聴けるのでお得な1枚だ。

令和になっても、変わらぬ美しい歌声で、容姿も変わらずに美しい。

キャンディーズは3人揃ってチャーミングだった

ラン・スー・ミキと聞いて、「東南アジアの人の名前?」と言う人とは友達になりたくない。ラン・スー・ミキはキャンディーズの3人の愛称で、「ランちゃん」、「スーちゃん」、「ミキちゃん」と呼ぶのが正しい。フルネームは伊藤蘭、田中好子、藤村美樹という。

昭和50年前後、若い男の中で必ず話題になったのは、「キャンディーズの中で誰が好きか?」ということ。私は、「特別贔屓する子はいない。キャンディーズが好きなんだ」と答えたものだ。本当に3人とも好きなんです。

ランちゃんが昭和30年生まれで、スーちゃんとミキちゃんは31年生まれ。3人ともタレント養成所の東京音楽学院に通っていて、渡辺プロが抱えていたスクールメイツのメンバーだった。歌手の後ろで踊るバックダンサーの集団だ。3人が組んだのは47年、NHKの新番組、『歌のグランド・ショー』のマスコットガールに抜擢されたのがきっかけである。

キャンディーズとしてデビューしたのは48年の「あなたに夢中」で、メインボーカルはスーちゃんだった。３作目の「危い土曜日」も同様。当時の映像を観たら、超ミニのスカートで、可愛さの中に健康的な色気があり、振り付けも愛らしい。

２曲とも森田公一の作でいい曲なのに、期待されたほどのヒットではなかった。１年以上低迷した後、50年の「年下の男の子」でブレイクする。メインボーカルをランちゃんに変えセンターにしたから、というのが定説だけれど、私はそうは思わない。穂口雄右の曲と千家和也の詞が良かっただけのこと。スーちゃんに失礼である。

それまで、歌謡曲の歌詞の中で女性が恋人を呼ぶ場合、「あなた」か「あんた」、または「あの人」だった。それが、「年下の男の子」では「あいつ」と呼ばせた。親近感を込めての「あいつ」。これがキャンディーズファンを増やした要因だ。年下、年上かかわらず、男の子は彼女たちに、「あいつ」と呼ばれたがった。「ハートのエースが出てこない」、「やさしい悪魔」、「わな」にも、「あいつ」という歌詞がある。男性心理を巧みに操るキーワードといえる。

50年の「ハートの～」は森田の傑作だ。彼の代表作、「青春時代」もそうだが、前奏からして軽やかなリズムでワクワクさせる。森田と穂口は競っていたのか、穂口は同じ年に「その気にさせないで」を作っている。いきなり3人の〝ハ、ハ、ハァ〟という色っぽい声で始まり、衣装の露出度もエスカレートして、若い男には目の毒だった。

51年の「哀愁のシンフォニー」は、それまでの歌と感じが違うなと思ったら、なかにし礼と三木たかし、黄金コンビの作だった。大人っぽい歌で、キャンディーズの成長ぶりが示された。52年には初めてミキちゃんがメインボーカルを務める「わな」が出た。改めて聴くと、ミキちゃんもランちゃん、スーちゃんに負けず劣らず歌が巧い。だから3人のハーモニーはきれいなのだ。

同年の「やさしい悪魔」と「アン・ドゥ・トロワ」は、作詞が「神田川」の喜多條忠で、作曲が吉田拓郎。斬新だが難しい曲をキャンディーズは歌いこなした。「やさしい悪魔」はバニーガールみたいな衣装で、「アン・ドゥ・トロワ」はネグリジェみたいなドレスがセクシーだった。男なら目の保養と思うだろうが、ひねくれものの私は、「なんだか着せ替え人形みたいで可哀想」と不憫に感じた。周囲の大人たちに操られるパペットみたいだと。

52年夏、日比谷野外音楽堂で行われたコンサートの最後に、3人は泣きながら「9月で解散します」と宣言した。ランちゃんが言った「普通の女の子に戻りたい」というフレーズは、その年の流行語になった。渡辺プロが知らなかったことで、翌日から大騒動になる。当然引き留め工作をする。圧力をかける。しかし、3人の決心は変わらない。
百恵の項でも述べたが、業界人嫌いの私は、周囲の思惑や打算より、歌手の気持ちを全面的に支持する。キャンディーズにも、「よく決心したね」と言ってあげたかった。渡辺プロと話し合った上の折衷案は、9月の解散を翌年4月に延長し、解散コンサートを大々的に開くことだった。

解散に向けてのプロジェクトの一環として発売された曲が「微笑がえし」で、穂口の作曲、作詞は阿木燿子。ここでも阿木は最上級の仕事をする。これまでのヒット曲のタイトルにある言葉を詞に入れたのだ。「春一番」、「わな」、「ハートのエース」、「年下の」、「やさしい悪魔」、「アン・ドゥ・トロワ」という言葉を巧みに挿入した。プロの見事な技と褒め称えたい。「微笑がえし」はキャンディーズにとっては初のオリコンランキング1位になった曲で、有終の美を飾ったことになる。3人も嬉しかったであろう。

53年4月4日、解散コンサート会場の後楽園球場に5万5千人のファンが結集した。その映像が残っているが、単なる歌手の解散セレモニーではなく、マスコミは「歌謡界史上最大のショー」と位置付けた。3人はヒット曲を歌いまくり、「年下の男の子」をファンと合唱した。そして最後に、ランちゃんが作詞した「つばさ」という曲を歌い、間奏のときに声を揃えて、「本当に私たちは幸せでした！」と叫んだ。

活動期間はわずか4年半。桜のように散っていくからこそ美しい花もある。キャンディーズは3本の大輪の花を咲かせて、見事に散った。

その後の3人の人生を記すのは蛇足であろう。ただ、平成23年にスーちゃんが乳がんで亡くなった際、ランちゃんとミキちゃんが看取ったことだけ記す。最後まで仲の良い3人組だった。

近年評価するようになった松田聖子

正直言って、デビュー当時から松田聖子が苦手だった。嫌いというわけでない。あの手の娘が苦手なのだ。

聖子は昭和37年生まれで、福岡県出身。55年に「裸足の季節」でデビューした。白いドレス姿は、いかにも「アイドル」といった雰囲気を漂わせ、髪型は「聖子ちゃんカット」と言われ流行した。まあ、それはいい。問題は歌声だ。

デビュー年の「青い珊瑚礁」、56年の「白いパラソル」、「風立ちぬ」、57年の「渚のバルコニー」などを聴くと、甘えるような高い声がカマトトっぽくて気色悪い。これは好みとしか言いようがない。なにせ、私はハスキーボイスの明菜派だから。「赤いスイートピー」も「小麦色のマーメード」もさほど評価しなかった。そういえば、聖子は「ぶりっ子」と言われていたっけ。

余談だが、聖子の歌には、白い、青い、赤い、小麦色など、色の入ったタイトルが多い。ちなみに、他の色の歌を挙げると、「黒い花びら」、「緑の地平線」、「オレンジの雨」、「みずいろの手紙」、「桃色吐息」、「群青」などがある。おっと、「色の歌10選」になってしまった。

聖子の歌でいいと思ったのは、58年にサントリーのCMソングとして流れた「ＳＷＥ

ＥＴ ＭＥＭＯＲＩＥＳ」くらいか。その後はたいしたヒット曲がなく、神田正輝との結婚、出産を経て復帰するが、間もなく外国人男性相手のゴシップで騒がれた。

平成9年、私は某月刊誌に、「床上手の花魁が、所帯を持っちゃだめだ」という辛口エッセイを書いた。聖子を吉原の花魁に例え、結婚は向いていないと揶揄した。娘の沙也加を禿《かむろ》（花魁見習いの少女）に例えたのだから、失礼もいいところだが。

そんな聖子を評価するようになったのは、数年前からである。テレビで「あなたに逢いたくて～Ｍｉｓｓｉｎｇ Ｙｏｕ～」を聴いて、歌の上手さに感心した。私はどんな芸能人も、人間性や言動でなく、その時々の作品で評価する。後になって聖子ファンの友達から、この歌がオリコンシングルチャートの1位になり、１００万枚を超えるミリオンセラーだったと聞いて、「さもありなん」と納得した。友達に、「遅いよ」と言われた。

近年はジャズも歌うようになり、ＣＤを聴いたら、なかなかのものだった。八代亜紀や伊東ゆかりには及ばないものの、アメリカで暮らしていたことで英語の発音が良くなり、けっこういけるのだ。「あなたに～」と併せて聴いてみるといい。

美空ひばりが嫌いだった私が、彼女の歌を見直したのは晩年で、間もなく亡くなってしまった。その点、聖子は健在で、コンサートにディナーショーにと活躍している。一度コンサートを観に行こうかと思っている今日この頃です。

可憐なる薬師丸ひろ子

薬師丸ひろ子は一流の女優であるから、この章に入れるのはどうかと思ったが、近年のコンサートをテレビで観たら、やっぱりアイドル歌手だと認識した。

ひろ子は昭和39年生まれ。港区青山出身と聞いただけで、お嬢様育ちという感じがする。56年に角川映画『セーラー服と機関銃』に主演する際、思いがけず主題歌を歌うことになった。それが来生たかお・えつこの項で述べた「夢の途中」である。映画と同名のタイトルに変更されたが、いい曲には変わらない。ひろ子が歌うと、可憐で初々しさに満ちあふれ、たちまち「胸キュン」であった。

その後のヒット曲も映画の主題歌が多い。58年の「探偵物語　すこしだけやさしく」は大瀧詠一作曲、松本隆作詞。59年の『メイン・テーマ』は南佳孝・松本隆によるもの。

「Ｗｏｍａｎ・Ｗの悲劇より」は、松任谷由実が呉田軽穂のペンネームで作曲、松本隆の作詞だ。３曲とも最上のスタッフとあって、けっこうなものです。

主題歌以外のヒット曲としては、59年に竹内まりやがひろ子のために書いた「元気を出して」がある。竹内がセルフカバーしているので、聴き比べてみたらいかが。

60年には「あなたを・もっと・知りたくて」と「ステキな恋の忘れ方」という曲に恵まれた。前者は松本・筒美コンビ、後者は井上陽水の作詞作曲だから、いいに決まっている。どちらもひろ子の澄んだ歌声に合って、聴けば心が洗われること間違いなし。「あなた～」には、歌の前に電話のベルの音と、電話に出るひろ子の声が入っている。その声がたまらなく可愛らしい。

平成25年、ＮＨＫ朝の連続テレビ小説、『あまちゃん』に出演した。ヒロインが歌う「潮騒のメモリー」という曲を、ひろ子が歌うシーンがあった。元アイドル歌手だが実は音痴という設定で、音痴を克服して歌った「潮騒のメモリー」はとっても素敵だった。

最近のコンサートでは、中島みゆきの「時代」や、ちあきなおみがカバーした「黄昏のビギン」なども歌い、歌手としても高い評価を得ている。そして、今もなお可憐である。

番外アイドル歌手のこの1曲10選

「17才」　南　沙織
「なんてったってアイドル」　小泉今日子
「わたしの彼は左きき」　麻丘めぐみ
「木綿のハンカチーフ」　太田裕美
「ひまわり娘」　伊藤咲子
「春なのに」　柏原芳恵
「けんかをやめて」　河合奈保子
「まちぶせ」　石川ひとみ
「涙の太陽」　安西マリア
「イルカにのった少年」　城　みちる

第7章

平成・令和の歌謡曲と歌手たち

石川さゆりは歌も容色も衰えず

昭和にデビューし、今も変わらぬ活躍を続けている歌手は団塊の世代に多い。「その後の世代で第一人者は石川さゆりだ」と言って、文句をつける歌謡曲ファンはいないだろう。

石川は昭和33年生まれ、花の中三トリオと同世代である。従って、48年に「かくれんぼ」でデビューしたのはアイドル歌手としてだった。ところが、花の中三トリオの人気の陰に隠れて、ヒットどころか注目さえされなかった。52年、あの名曲に出会うまでは。そう、「津軽海峡・冬景色」である。

阿久悠作詞、三木たかし作曲。ダイナミックな前奏を聴いただけで誰もがそれとわかる、歌謡史に残る名曲だ。この曲の素晴らしさは、今さら語るまでもない。音楽性の高いメロディ×文学的な歌詞×歌唱力のある歌手＝名曲、という方程式で証明された。

レコード大賞歌唱賞に輝いた勢いで、同年には「能登半島」、「暖流」、53年には「火の国へ」と立て続けにヒットさせた。3曲とも阿久・三木コンビの作品だ。これによって石川は、弱冠20歳にして、「演歌の新星」と認知される。「能登半島」は北陸、「暖流」は高知、「火の国へ」は熊本が舞台である。ちなみに、阿久が藤圭子に書いた前出の「京都から博多まで」は、女が男を追って京都から博多まで流れていく歌詞だが、「火の国へ」は東京から熊本まで追いかけていく。道中が長くなっているのが面白い。

彼女の歌の特徴は、小節が従来の演歌ほど臭くなく、さっぱりしていること。江戸の俗曲、端唄《はうた》や都々逸《どどいつ》の節に近い。私ごとで恐縮だが、愚妻は柳家小菊という寄席の音曲師である。歴代の歌手で、「音曲師にしたい」と思ったのは、柳家三亀松に「さのさ」と都々逸を教わった江利チエミで、石川が２人目だ。彼女が寄席の高座に上がり、三味線の弾き語りで歌う姿を想像するとワクワクする。

石川はこの当時、洋服のステージ衣装で歌っていた。それが和服に変わったのはいつ頃からだろう。さゆりファンで知っている方がいたら教えていただきたい。60年の「波止場しぐれ」のときにはすでに和服だったと記憶している。やっぱり演歌は着物でなくっちゃ。彼女の趣味の良さと着こなしは、演歌歌手の中でも抜きん出ている。縞の着物が似合う歌手なんてそうはいない。

61年はエポックになった年で、またしても名人コンビに出会う。作詞家の吉岡治と作曲家、弦哲也。代表曲のひとつ、「天城越え」が生まれた。デビュー13年目にして、石川は新境地を拓く。弦のメロディもさりながら、吉岡の歌詞は、松本清張の短編小説『天城越え』に匹敵するほどの文学性がある。

62年の「夫婦善哉」は、織田作之助の原作を森繁久彌と淡島千景で映画化されたのを歌にしたもの。「天城越え」に続く「文芸路線」と言っていい。63年の「滝の白糸」もまた、原作は泉鏡花の名作『義血俠血』である。

平成元年の「風の盆恋歌」は、なかにし礼と三木たかしの作で、石川の持ち歌の中で私が最も好きな曲だ。これも高橋治の小説に同名の作品がある。NHKの歌謡番組でこの曲を歌った際、越中八尾から本場のおわら連を呼んで、間奏に胡弓と三味線を入れたことがあった。おわら節と石川の歌のコラボは最高であった。

平成3年には一風変わった曲が出た。ウイスキーのCMソングに使われた「ウイスキーが、お好きでしょ」。作曲の杉真理を、ずっと「まり」という名の女性だと思っていたが、最近BSの歌謡番組に出たのを観たら、「まさみち」という名の男性シンガーソングライターで、この曲を自身で歌った。石川の持ち歌の中では異色で、ジャズっぽく歌っているのがいい。ウイスキーを飲みながら聴いたら、さぞかしいい気分だろう。私は下戸なので、歌だけで酔う。

６年には再び文芸路線の「飢餓海峡」が出た。水上勉の小説で、三國連太郎主演の映画がある。映画のシーンを連想させる詞は、娼婦を演じた左幸子の名演を思い出させる。一連の文芸ものは、文学を歌にした多大な功績でもあると評価したい。

その後、「北の女房」、「大阪のおんな」など佳作はあったが、大ヒットにはならなかった。それでも演歌の大看板で、誰もが第一人者と認める存在だ。着物姿は相変わらず美しく、歌声、容色、共に衰えることがないのは嬉しい限りである。

川中美幸のビブラートが泣かせる

川中美幸は昭和30年生まれで大阪出身。陽気で人の良さが表れる歌手だ。48年に春日はるみという芸名でデビューした。「新宿天使」という曲だが、売れなかった。都はるみという同じ名の人気歌手がいて、「新宿の女」の藤圭子がいた時代に、「はるみの新宿天使」が売れるわけがない。レコード会社も能がなさすぎる。

52年に川中美幸と改名、レコード会社も変えて再デビューした。「あなたに命がけ」という曲はヒットしなかったが、55年に弦哲也作曲の「ふたり酒」が大ヒット、川中の名が知れ渡る。

そして58年、「遣らずの雨」が出た。山上路夫作詞、三木たかし作曲の歌を初めて聴いたとき、「これぞ艶歌だ」と思った。しっとりとした節に、川中のビブラートが泣かせる。遣らずの雨とは、好きな男を引き留めるにわか雨のこと。美しい日本語である。この歌を聴かねば、川中美幸は語れない。

つい先日、川中がBS日テレの『歌謡プレミアム』に出演した際、「遣らずの雨」について、「若い頃はこの曲を歌いこなせなかった」と語っていた。確かに、発売当時の28歳の頃は難しい歌だったのかも知れない。それを今、見事に歌いこなしている。

題名に雨が入る演歌としては、八代亜紀の「雨の慕情」、都はるみの「雨やどり」、川中の「遣らずの雨」、この3曲を「三大雨歌」と認定する。なんの権威も栄光もない認定だが。

60年の「忍路《おしょろ》海岸わかれ雪」も泣き節で、63年の「女泣き砂日本海」につながる。川中の持ち歌の中で、「遣らずの雨」の次に好きな曲だ。阿久・三木のコンビの作で、これまた川中のビブラートが泣かせる。歌を聴くまで、私は砂が泣くことを知らなかった。本当ですかね、阿久先生。

平成に入ると、８年の「ちょうちんの花」がヒット。これはシンガーソングライターの円広志作である。前述の『歌謡プレミアム』で、アコースティックギターだけの伴奏で歌うのを聴いて、曲の良さを見直した。

10年に「二輪草」というメジャー音階のメロディ、前向きな歌詞の曲がヒットしたことで、その路線が主流になった。私としては、マイナー音階の失恋（過去を想う後ろ向きの歌詞）の曲こそ演歌の本道と考えているので、メジャー音階と前向きの歌詞が不満だった。

個人的な好みとしては、14年の「貴船の宿」の方がいい。久々の泣き節に、「待ってました！」と喝采を送ったくらい。

12年に出した吉幾三とのデュエット曲、「出張物語」はコミックソングで、こういうふざけた曲をご両人に歌ってほしくない。同じデュエット曲なら、令和2年に前川清と歌った「東京シティ・セレナーデ」の方がずっといい。2人の息がピッタリ合っているのだ。カップリングの曲が、オールディーズの「ヘイ・ポーラ」なのも我々世代には嬉しい。前川が〝ヘイ・ポーラ〟と呼びかけると、川中が〝ヘイ・ポール〟と応え、ビブラートを使って歌うのがたまらない。川中によるオールディーズのカバーアルバムを切望する。彼女が歌うコニー・フランシスのヒット曲を聴きたい。「ボーイ・ハント」なんていいだろうな。

時代は令和に変われども、川中の泣き節は健在だ。令和3年に、デビュー45周年記念曲として出した「恋情歌」（弦の曲）では、泣き節を駆使している。演歌の原点に戻ったことが嬉しい。

演歌師・吉幾三の節回し

吉幾三は日本を代表する演歌歌手で、「演歌師」と言うとピッタリくる。というのも、吉には芸人の素養があるからだ。

昭和27年生まれで、青森県北津軽郡金木町（現五所川原市）出身。48年に山岡英二の芸名でデビューした。「恋人は君ひとり」という題名からして、二枚目の線で売り出したと思われる。しかし、ヒットせず、しばらくは鳴かず飛ばずだった。

52年に吉幾三と改名して、「俺はぜったい！プレスリー」で再デビューする。改名したのは五木ひろしや川中美幸と同じだが、その後が違う。「俺は～」は『俺は田舎のプレスリー』という映画が製作されたほどヒットしたものの、またもや低迷期間が続いた。

59年に出した「俺ら東京さ行ぐだ」もラップ風のコミックソングで、この手の曲はキワ物扱いされて次につながらない。同年には、東北出身の先輩、千昌夫（岩手県）に「津軽平野」という曲を提供している。作曲家としての才を表したことが、吉の運命を変えたのだ。

61年、「雪國」を作詞作曲して、こんどは自分で歌った。これが歌謡史に残る名曲になるとは、吉でさえ想像しなかったろう。初めて聴いたとき、過去の名曲と同じように身震いが出た。前奏のダイナミズムは「津軽海峡・冬景色」に匹敵する。そして、吉の節回しが素晴らしい。女心を描いた詞には、なおさら感服した。

吉の歌をよく聴くと、民謡の節回しが入っている。後になって、父親が地元では民謡の名手として有名で、昭和天皇の御前で津軽の民謡を披露したこともあると聞いた。その血を継いで、独特の節回しを会得したのだ。

演歌の本道を往く曲だから、当然単発で終わらず次につながる。62年の「海峡」はさらにバージョンアップした。男と別れて北へ向かう青函連絡船の中、女はやり直したい気持ちを隠せない。でも、遅すぎる。そんな内容の歌詞で、泣ける「おんな歌」だ。

そして、63年には大作、「酒よ」が世に出る。なぜ大作かというと、平成6年に、「酒よ…追伸（スーパー・ロング・バージョン）」を出しているから。これは従来の「酒よ」に新たな歌詞を加えた9分を超すバージョンだ。歌謡曲でそれほど長いのは、三波春夫の長編歌謡浪曲、「俵星玄蕃」くらいのものである。

「酒よ」は多くの演歌ファンに愛され、今でもカラオケの定番曲として歌われている。平成２年の「酔歌」と併せて、９分のロングバージョンを聴いてほしい。

私は下戸なので、「酒よ」や「酔歌」よりも７年に出た「情炎」の方が好きだ。「雪國」、「海峡」と同じおんな歌で、妻ある男と別れられない愛人の心情を、しみじみと語るように歌うのだからたまらない。

「情炎」を生で聴きたくて、コンサートに行ったことがある。そこで吉の漫談を聴いて爆笑した。しゃべりの間が良くて、玄人はだしだった。さんざん客を笑わせた後、しんみりとヒット曲を歌う。そのギャップが面白く、「芸達者だなあ」と感心したものだ。

その後、８年にセルフカバーの「津軽平野」、９年に新曲「岩木川」と、故郷を舞台にしたふるさと演歌が続く。私は津軽になんの思い入れもないので、たいしていいと思わない。それよりも、やっぱり女心を歌ったド演歌、「あんた」、「運河」、「秋風」などがいい。

『吉幾三　恋歌《れんか》』というアルバムには、「雪國」、「海峡」、「情炎」、「運河」の他に、高橋真梨子の「ｆｏｒ ｙｏｕ…」、船村徹作曲の「雨の夜あなたは帰る」、松山千春の「恋」

などのカバー曲が収録されているので、聴いていただきたい。

吉も70歳が近くなったせいか、おんな歌を作らなくなった。故郷愛や家族愛を歌う曲より、演歌師の節回しで「恋歌」を歌ってほしいと願う。

細川たかしの驚異的な声量

古関裕而が作曲した「イヨマンテの夜」という曲がある。これは細川たかしが生まれた昭和25年に、伊藤久男が歌ってヒットした曲で、それを細川が令和2年に、「2020イヨマンテの夜」としてカバーした。聴いたら、〝アー、ホイヤー、アー〟という歌い出しからして、声量の凄さに圧倒される。とても70歳を過ぎた人の声とは思えない。多分、肺活量が尋常でないのだろう。

北海道真狩村出身の細川は若い頃、すすきののクラブで歌っていて、「札幌の森進一」と言われたそうだ。NHKの『新・BS日本のうた』で、細川が森の「さらば友よ」を歌うのを聴いたら、とっても巧いので納得した。

50年に上京し、なかにし礼作詞、中村泰士作曲の「心のこり」でデビューする。この曲は当初、「私、バカよね」というタイトルだったとか。しかし、自己紹介の際、「『私、バカよね』の細川たかしです」ではまずいと、「心のこり」に変えたという。

小林旭の高音をパワーアップしたような声が話題になった。当然大ヒットして、その年の新人賞を岩崎宏美と競う。あらゆる新人賞レースでぶつかったが、レコード大賞の最優秀新人賞は細川が受賞した。

彼は吉幾三と同じように、民謡の素養がある。それも本格的に稽古をしたもので、師匠は三橋流家元、三橋美智也だ。細川は三橋美智貴という三橋流の名取である。

57年には、民謡で鍛えた喉で「北酒場」を歌い、レコード大賞を受賞。59年には「浪花節だよ人生は」で最優秀歌唱賞に輝き、レコード大賞の三冠を獲った稀有な歌手となる。

58年に出た「矢切の渡し」は、ちあきなおみと競作で、ご両人の歌を聴き比べてみると、節回しが違うことがわかる。２人とも巧いので、どちらがいいかは、聴く人の好み次第。私はちあき派だが。

60年の「望郷じょんから」は、津軽三味線の伴奏のダイナミックな曲で、太棹の音に負けない細川の声量が凄い。これを歌う際、ステージに大量の紙吹雪が舞い散る。その中で歌う姿がかっこいい。

平成に入ってからはヒット曲に恵まれていないが、歌謡番組の演歌特集には欠かせない歌手だ。BS朝日の『人生、歌がある』で井上陽水の特集をした際、若手の竹島宏、吉幾三と3人で「夢の中へ」を歌った。〝サァア～〟というパートだけなのに、その声量と伸びやかな声に圧倒された。

それって、凄いと思いませんか?

海の匂いの鳥羽一郎

父親が漁師で母親が海女。鳥羽一郎は三重県鳥羽市の漁業一家で育った。昭和27年生まれで、若い頃は遠洋漁業の船に乗り、インド洋へマグロを獲りに行ったというから、筋金入りの漁師である。

長い遠洋漁業の間、心の慰めになったのは、演歌を聴くことで、特に好きなのは「別れの一本杉」など船村徹の曲だった。弟が先に上京して、山川豊という芸名で歌手になったので後を追う。27歳のときに、尊敬する船村に弟子入りし、3年間歌手見習いの修業をする。

57年、「兄弟船」で待望のデビューを果たした。作詞は名匠、星野哲郎、作曲はもちろん船村だ。初めて聴いたときに身震いした曲はいくつもあるが、この曲もそのひとつ。トランペットの前奏と歌はまさに「ド演歌」で、星野の歌詞もいい。漁船が雪の中を進むのを、「雪の簾《すだれ》をくぐる」と表現したのが素晴らしい。また、同じ女性を好きになった時はライバルになり、共に母親思いである兄弟の絆を詞に入れた技は名人芸といえる。

58年、私の大好きな「海の匂いのお母さん」が世に出た。その年、私の母が大病で入院したこともあり、母を想う息子の気持ちが重なって、「母さん、母さん」と呼びかける鳥羽の歌に涙した。NHK『新・BS日本のうた』で、鳥羽と山川が一緒に歌ったが、山川は泣いてしまい、ちゃんと歌えない。そんな弟の肩を抱いて兄が歌う姿に、私はもらい泣きした。「海の匂いのお母さん」、いい題名だ。作詞は田村和男。作曲はもちろん船村である。

デビュー当時の鳥羽のキャッチフレーズは、「潮の香りが似合う男」だった。「兄弟船」後も、漁師の心意気や漁場の風景を描いた曲を歌い続けた。「男の港」、「海の祈り」、「熊野灘」。平成に入ると「北の鷗唄」、「演歌船」、「男の海」、「泉州春木港」などなど。紅白歌合戦に初出場した際は、全国の漁港から漁師さんが駆けつけ、色とりどりの大漁旗を振っていた。鳥羽は彼らの誇りなのだろう。

題名からして異色なのは、平成8年の「カサブランカ・グッバイ」だ。作家の内館牧子の作詞と知って、「内館さんも粋な歌を書いたもんだ」と感心した。ド演歌ばかり歌ってきた鳥羽にしては、なんともお洒落で粋なのだ。漁師にカサブランカの花は似合わないと言う人もいるだろう。でも、聴くと本当にいい歌で、口ずさみたくなる。この歌によって、漁業関係者以外のファン、それも女性ファンを増やしたと言っていい。

ただ、お洒落な歌はこれ1曲だけで、律儀な鳥羽は漁師の「おとこ歌」に戻った。9年には「来島海峡」、10年には「龍神」、12年には「海峡の春」と続く。

その後も、「夫婦船《めおとぶね》」、「志摩半島」、「親子船」などのド演歌を、ぶれずに歌い続けている。船村の没後は、師に対するリスペクトの表れで、「別れの一本杉」や「男の友情」といった名曲を歌い継ぐ。その姿勢こそ、「男、鳥羽一郎」の本分と称えたい。

坂本冬美の変身

鳥羽が船村徹の愛弟子なら、坂本冬美は猪俣公章の愛弟子である。昭和42年生まれで和歌山県出身。19歳の時にNHKの『勝ち抜き歌謡天国』和歌山大会に出場して優勝。審査員の中に猪俣がいたことで、弟子入りが叶った。

62年、「あばれ太鼓」でデビュー、女性の演歌歌手が「おとこ歌」を歌う例は、私の知る限り、美空ひばり、畠山みどり、水前寺清子くらいのもの。個人的には好きでないが、この曲はたちまちヒットして、多数の新人賞を獲得する。もちろんステージ衣装は和服で髪はアップ。それがよく似合った。

63年の「祝い酒」、平成元年の「男の情話」もおとこ歌だ。おんな歌のヒット曲は3年の「火の国の女」が最初。気の強い女の気持ちが前面に出て、私はちょっと引いてしまった。火傷覚悟で女を抱く勇気はない。

6年の「夜桜お七」は曲（三木たかし）、歌詞（林あまり）、振り付け、どれも華やかな歌である。「さくら、さくら」と繰り返すのが桜の歌の定番だが、この曲の節が一番いい。桜の模様の衣装も素敵だった。

それからしばらく低迷したのは、9年に父親が交通事故死して落ち込んでいたのが原因だとか。おまけに体調をくずし、14年から1年間活動を休止した。15年に復帰したもののヒットがない。察するに、辛い時期だったはずだ。

19年に「雪国～駒子その愛～」でようやく本来の坂本冬美に戻った。川端康成の名作を歌にしたもので、芸者駒子の心情を歌い上げた。「雪國」といえば、吉幾三。ご両人がNHKの『新・BS日本のうた』で共演した際に、「ダブル雪国」と銘打って、2曲を代わる代わる歌った。これは見応え、いや、聴き応えがあった。

坂本の最初の変身は、21年の「また君に恋してる」だった。ドレス姿で、ビリー・バンバンの歌をカバーしたのに驚いた。長い髪を垂らし、ドレスを着た彼女は美しく、はかなげな雰囲気が曲に合っていた。焼酎のコマーシャルソングに使われていたフォーク調の曲を女性の演歌歌手が歌う意外性もあり、大ヒットした。

30年には吉幾三作詞作曲の「熊野路へ」が出る。「ダブル雪国」の共演がきっかけになったのかも知れない。「おんな歌」が巧みな吉の手による上質の演歌を、坂本が見事に歌い上げた。31年には、久々のおとこ歌、「俺でいいのか」を出したが、おんな歌が好きな私は気に入らない。

令和2年、坂本がまたもや変身する。「この方に曲を書いてもらうのが夢だった」という桑田佳祐に手紙を書いて切望し、快諾してもらったらしい。そして出来上がったのが、「ブッダのように私は死んだ」である。NHKの『うたコン』に、セクシーな白のドレスを着た坂本が、ちょっときつめのメイクで登場した。ワンフレーズ聴いただけで桑田の曲と詞とわかる。男に尽くした女が殺されて埋められるという衝撃的な内容だった。「また君に～」のときよりも驚き、魅せられた。坂本が別人に生まれ変わったように見えた。優れた曲には、女を変身させる力があると思い知った。

この曲には賛否両論あったに違いない。着物姿の坂本を応援してきたファンには刺激が強すぎて、受け入れられなかったかも。私は桑田ファンなので、すんなりと受け入れたが。

今後、坂本はどんな道を歩むのだろう。おとこ歌かおんな歌か、着物で歌うかドレスで歌うか。ド演歌かポップス調か。どちらにしても、彼女の変身が楽しみでならない。

匂い立つ香西かおり

香西かおりは歌だけでなく、佇まいが素敵だ。昭和38年生まれの大阪出身。幼い頃から民謡が巧く、51年には『サンケイ民謡大賞』の少年少女部門で準優勝している。高校卒業後、当時の太陽神戸銀行に入行し、事務職に就いていた。退職後に上京して歌手になるわけだが、銀行員の履歴がある歌手は小椋佳しか知らない。

63年のデビュー曲、「雨酒場」がヒットして、その年のレコード大賞新人賞など、多くの賞に輝く。民謡で鍛えられた喉は半端でなく、着物姿の艶っぽさと佇まいが印象的だった。

平成3年、「流恋草」（「はぐれそう」と読む）で『日本有線大賞』を獲得。臭みがなく、上品な仕上がりになっているのが特徴だ。4年の「花挽歌」も同様で、演歌の王道を往くと見られていた。

ところが、香西は冒険に出た。シンガーソングライターで、曲作りには定評がある玉置浩二に新曲を依頼したのだ。出来上がったのは「無言坂」で、それまでの香西にはないテイストの曲だった。最初に聴いたときに、「この歌で彼女はひと皮むけるな」と思った。それがレコード大賞を獲ってしまうのだから、人間、現状に満足しては進歩がないという好例である。特に芸能人は、新しいことにチャレンジすることが大事で、香西の場合は大成功であった。

8年の「宇治川哀歌」は従来の演歌で、けして悪くはなかったけれど、9年に再び玉置が作った「すき」に圧倒される。初めて香西自身が作詞したラブソングで、思い入れが強かったのか、語りかけるように歌い、最後に〝すき…〟と囁くのがたまらない。聴いてる男どもは、自分に向かって〝すき…〟と言ったように感じるはず。私もそう感じたもの。男って、バカな生き物ですな。

同年には荒木とよひさ作詞、浜圭介作曲の「人形」（「おもちゃ」と読む）がヒットした。女は男のおもちゃじゃないと愚痴る歌だ。

それからしばらく、良い曲に恵まれなかったが、14年の「氷雪の海」は良かった。香西には珍しい泣き節で、切々と語りかけるように歌う。25年の「酒の河」も同様で、聴く者を泣かせる歌手になった。

そして26年に傑作が生まれた。「一夜宿」である。失恋した女のひとり旅を描いた艶歌である。女性が1人で宿に泊まる設定の演歌としては、森昌子の「哀しみ本線日本海」、川中美幸の「女泣き砂日本海」がある。「一夜宿」の舞台は能登の和倉温泉だから、3曲とも日本海が舞台ということになる。やはり荒波が押し寄せる冬の日本海は演歌に合う。太平洋側の大洗海岸や九十九里浜ではダメなのだ。熱海や伊東もまたしかり。失恋した女が伊東の〈ハトヤ〉に泊まっては絵にならない。家族連れで泊まるにはいいホテルなんだけど。

令和に入っても香西節は健在で、2年に出した「契り酒」(岡千秋作曲)は、円熟味が増した分、聴き応えがある。これからも演歌だけでなく、「無言坂」や「すき」みたいなニューミュージックテイストのラブソングを歌ってもらいたい。

水森かおりが歌うご当地ソングの是非

水森かおりは平成7年にデビューした。これまで本書で取り上げた歌手はすべて昭和年代のデビューだから、初の平成デビュー歌手ということになる。昭和48年生まれなので、当然と言えば当然だが。

東京都北区出身で、短大卒業後、アメリカに短期留学して、帰国後に歌手のオーディションを受けて合格。「おしろい花」でデビューするが、それほどヒットせず。以後、7年間鳴かず飛ばずだった。

14年に弦哲也の「東尋坊」がヒット。以来、新曲のほとんどは弦の作によるものだ。失恋した女が北陸を旅する演歌の定番で、木下龍太郎の詞もいい。

15年には代表曲となった「鳥取砂丘」が出る。「東尋坊」と同じコンビの傑作だ。B面の「天塩川」もいい曲なので、改めてA面として発売すればいいのにと思った。

16年の「釧路湿原」、17年の「五能線」といい曲に恵まれる。どちらも「鳥取砂丘」に匹敵する弦の傑作で、この頃から水森のコンサートを観に行くようになった。一連のヒットメドレーを堪能したものだ。

水森が毎年のように出している『歌謡紀行』シリーズは、オリジナル曲に加えてカバー曲が入るアルバムだ。何枚か購入したが、『Ⅲ』がイチオシ。狩人の「あずさ2号」、テレサ・テンの「空港」、川中美幸の「女泣き砂日本海」、欧陽菲菲の「雨の御堂筋」などが収録されている。どれを歌っても巧いのは、水森の歌唱力が半端でない証拠といえる。

その後も、地名が入った題名の歌を出し続ける。「ご当地ソングの女王」と呼ばれたことが足かせになり、レコード会社もそれに縛られて、それ以外の曲を出せない状態に陥った。

18年の「熊野古道」は良かったが、翌年からの「ひとり薩摩路」、「輪島朝市」、「安芸の宮島」、「松島紀行」と、凡作が続く。弦にしたって、観光名所が舞台の、似たような曲を同じ歌手に作り続ければ、凡作もあろう。香西かおりが玉置浩二に「無言坂」と「すき」を依頼したように、水森も別の作曲家に書いてもらえばいいのだ。

実際に一度やっている。『10周年記念~オリジナルベストセレクション~』に入れた「飛鳥坂」という曲を、シンガーソングライターの西島三重子に書いてもらった。名曲

「池上線」の作者である西島は、期待にたがわず、リリシズムにあふれた曲を提供した。私はその歌を王子の北とぴあでのコンサートで聴いた。近くにある桜の名所、飛鳥山が舞台の曲を、水森の地元、北区のホールで歌ったこともあって感動を呼んだ。

地方の観光名所だけでなく、「飛鳥坂」みたいな曲をもっと歌うべきだと強く進言したい。なんとかのひとつ覚えのように、ご当地ソングだけ歌っていればいいというものではなかろう。制作スタッフの怠慢であり、所属事務所も能がない。水森かおりという逸材を、固定観念で縛ってはいけない。

そう思っているうち、平成も31年になってしまった。久しぶりに『歌謡紀行』を買ったら、なんとシリーズナンバーが「18」になっていた。時のたつのは早いものだ。オリジナル曲の「高遠さくら路」と「早鞆ノ瀬戸」が良かった。「東尋坊」を歌った頃の原点に戻ったような気がした。令和３年の「鳴子峡」にもそれが感じられる。

結局は今後もご当地ソングを歌い続けるのだろうか。私は変身した水森かおりを見てみたい。まだ納まりかえる齢ではないのだから。

藤あや子の色香に迷う

色白の女性が着物を着ると、うなじの白さが際立って、黒髪の後れ毛がなんとも色っぽい。藤あや子のことである。酒飲みの男どもは、藤みたいなママがいる銀座のクラブがあったら、きっと通うだろう。そう思わせる歌手なのだ。

藤は昭和36年生まれで秋田県角館の出身。幼い頃から民謡を習い、10代は民謡歌手として活躍していたという。62年に歌手を志して上京、村勢真奈美という芸名が付いた。デビュー曲の「ふたり川」は、石本美由起作詞、船村徹作曲だったのにヒットしなかった。ヒットメーカーのコンビであっても、そういうことがあるものだ。

平成元年、藤あや子に改名して、「おんな」で再デビューするが、これも不調に終わった。芽が出たのは4年に出した「こころ酒」がきっかけ。日本有線大賞を受賞したことで、一気に売れ始めた。着物姿の麗しさが際立って、言うに言われぬ風情があった。

6年には「むらさき雨情」が大ヒット、紫色の着物がよく似合い、その色っぽさと言ったらなかった。7年の「女泣川《おなきがわ》」、8年の「おばこ巡礼歌」も、藤ならではの艶歌である。「おばこ～」は吉幾三の提供曲で、民謡の節回しが入る。民謡は２人の共通項だから、作者と歌い手の息がピタリと合っていた。

そして10年には、「雪深深」（石本美由起作詞・桧原さとし作曲）という傑作が生まれた。メロディの良さもさりながら、舞う雪を表す振り付けがいい。藤の真っ白い細い指がひらひら動くと、雪が舞っているように見えた。これを歌うときは、黒地に白、または白地に黒の柄の着物が多かったと記憶する。それがまたよく似合った。私が彼女の色香に迷うようになったのはこの頃からだ。

山口百恵のファンである藤が、「曼珠沙華」と「愛染橋」をカバーしたのは15年のこと。百恵にはない色気にあふれていた。そういえば、ＮＨＫの『新・ＢＳ日本のうた』で宇崎竜童と共演した際、「プレイバックＰａｒｔ２」や「ロックンロール・ウィドウ」など百恵のヒット曲を歌った。実に巧いし、ドレス姿はセクシーだった。

その後、大ヒット曲こそないものの、歌番組にはよく出ている。それは歌の巧さだけでなく、ビジュアル的にテレビ向きだからだろう。ＢＳ朝日の『人生、歌がある』で、菅原洋一と「アマン」をデュエットした時などは、藤のフェロモンたっぷりのお色気に、菅原が圧倒されていた。観ている私も、その色香に迷った次第。

チェウニのコリアン魂

台湾出身の代表的な歌手がテレサ・テンなら、韓国出身の女性歌手代表はチェウニである。桂銀淑、キム・ヨンジャも活躍したが、私はチェウニが一番好きだ。それは、小節を回す演歌ではなく、洗練された都会的な歌声だから。

チェウニは昭和39年生まれでソウル出身。韓国では早くから歌手デビューしていたらしい。平成10年に来日して、杉本真人作曲の「トーキョー・トワイライト」でデビューした。これがことのほかいい曲で、歌の巧さも相まってヒット、レコード大賞新人賞を受賞する。

12年には「Ｔｏｋｙｏに雪が降る」、13年には「星空のトーキョー」と、題名に東京が付いた曲が続けてヒットした。３曲とも叙情的で、東京の風景と女の心情を描いた秀作だった。日本人よりも思い入れ深く東京を歌っているので、好印象を抱いた。察するに、「出稼ぎ歌手」と言われたくなくて、一生懸命努力したのだろう。

東京好きはカバーアルバムにも表れている。『Ｔｏｋｙｏ・トーキョー・東京』というタイトルのアルバムには、ザ・ピーナッツの「ウナ・セラ・ディ東京」、森進一の「東京物語」、かぐや姫の「神田川」、いしだあゆみの「砂漠のような東京で」、中原理恵の「東京ららばい」、野口五郎の「私鉄沿線」、西島三重子の「池上線」など、いい曲ばかり収録されていて、しかも出来がいい。

オリジナルの「トーキョー・トワイライト」がボサノバのアレンジで入っており、これがとてもいいのだ。ボサノバのリズムで歌える歌手は貴重である。

その後も「最愛の人」、「冬のひまわり」、「メモリー・レイン」といったヒット曲があり、私は20年の「ＮＡＲＩＴＡ発」に痺れた。空港を舞台にした曲としては、前川清の「さようならの彼方へ」、テレサ・テンの「空港」、中森明菜の「北ウイング」に匹敵する。また、胸の開いたロングドレスで歌う姿がセクシーだった。藤あや子の色香とはまた違う、悩殺型とでも言えばいいか。

それに続く「オリエンタル・ララバイ」、「ガラスの東京タワー」、「アリデベルチ・ヨコハマ」も良かったのに、近年では令和元年に「驛」という新曲を出したきりである。その後の消息を知らない。チェウニはどこへ行ってしまったのだろう。コロナ禍で韓国へ帰ってしまったのか。

「誰かチェウニを知らないか」

レーモンド松屋のエレキと歌声にハマる

レーモンド松屋をご存じないという方は、これからでも遅くないので、すぐにCDショップに行ってアルバムを購入されたし。そこまで勧めるほどイチオシなのだ。

松屋は昭和26年生まれで、私と3つしか違わない。メジャーデビューしたのは平成22年7月、59歳の年だから、かなりの遅咲きといえる。還暦近い年でメジャーになったというのも、応援したくなる要素だ。

松屋は愛媛県西条市に生まれ、歌手を志して上京したが、23歳で夢破れて故郷に帰り、四国を中心にシンガーソングライターとして音楽活動を続け、インディーズでCDを制作、発売していた。

平成20年、自作の「安芸灘の風」をリリースすると、有線放送で火がついた。4カ月連続1位になって話題を呼び、2年後にメジャーデビューした。この歌を初めて聴いたとき、私の体に電流が走った。若き日のエレキギターの興奮が蘇ったのだ。エレキを弾きながら歌っているのに歌謡曲。まさにグループサウンズのテイストではないか。この曲に魅せられた私は、以後松屋を追いかける。

23年に「雨のミッドナイトステーション」、24年に「来島海峡」、25年に「東京パラダイス」と「安芸灘の風」から4曲続けてヒットを飛ばした。どれもノリがよくて痺れる。

24年には五木ひろしに「夜明けのブルース」を提供し大ヒットさせた。これで松屋の名は全国的に知られ、NHKの『新・BS日本のうた』にちょくちょく出るようになった。私は出演した回を全部観ているが、カバー曲を歌っても味がある。25年発売のアルバム、『歌謡クラシックス～ぼくらの時代』では、「有楽町で逢いましょう」や「別れの一本杉」などをカバーしている。

「でも、松屋にはGSが合うんだけどな」と思っていたら出してくれました。『歌謡クラシックスⅢ～俺たちのGS～』というアルバムを。1曲目の「BIG　HERO」は、若き日にベンチャーズやGSにあこがれたという内容で、まさに我らの世代を歌っている。加えて、「エメラルドの伝説」、「長い髪の少女」、「白いサンゴ礁」、「小さなスナック」、「夕陽が泣いている」、「君に会いたい」、「いとしのマックス」の7曲をカバーしているのが嬉しい。選曲がいいでしょう。GSではない荒木一郎を入れたことにセンスの良さを感じる。

オリジナル曲も好調を続けている。28年には、「ｋｉｓｓしてハグして大阪」、29年には名古屋を舞台にした「真実・愛ホテル」と連続ヒット。令和元年の「本気でいくから」、2年の「咲き乱れる花」もなかなかのものだ。

最新アルバム、『歌謡クラシックスⅣ～セルフカバーストーリー～』の中にもいい曲がある。お気に入りは「私に決めたのね」。ホステスが長年尽くした愛人に求婚される内容で、水商売の女性を歌った曲として秀逸である。

というわけで、このところ私はレーモンド松屋の楽曲にハマっている。

徳永英明とＪＵＪＵのカバーアルバムを聴くべし

徳永英明は言わずと知れた人気歌手で、オリジナルのヒット曲の他に、数多くのカバーアルバムを出している。中島みゆき、松任谷由実、竹内まりやなどの名曲や、山口百恵、松田聖子、中森明菜などアイドル歌手のヒット曲を収録した『ＶＯＣＡＬＩＳＴ』シリーズは、平成17年に出したのが最初で、現在まで６枚もある。

徳永は昭和36年生まれで、福岡県柳川市出身。若い頃、『スター誕生！』に出場し、どこのレコード会社、芸能プロダクションからもスカウトされなかったという過去を持つ。もし、スカウトされていたら、アイドル歌手として売り出されていたろう。61年に「レイニーブルー」でデビューして、その後の活躍はご存じの通り。

『ＶＯＣＡＬＩＳＴ』シリーズの中では、平成24年に出た『ＶＯＣＡＬＩＳＴ　ＶＩＮＴＡＧＥ』が異色である。それまではニューミュージック系のカバー曲が主だったが、こちらは歌謡曲ばかり。それも、本書で取り上げた曲がたくさん入っている。

藤圭子の「夢は夜ひらく」に始まり、美空ひばりの「悲しい酒」、松尾和子の「再会」、江利チエミの「酒場にて」、いしだあゆみの「ブルーライト・ヨコハマ」、青江三奈の「伊勢佐木町ブルース」など、女性歌手の曲を徳永が独特の声で歌っている。『VOCALIST』シリーズには、オリジナルを超える歌がいくつかあった。残念ながら、『VINTAGE』にはない。オリジナルの歌手の方がいいのだけれど、彼が歌うと、また違った味わいがあって新鮮に感じる。だからこそ取り上げたわけで。騙されたと思って、聴いていただきたい。

もう1枚のオススメは、JUJUのカバーアルバム、『すなっくJUJU～夜のRequest』である。

彼女は昭和51年生まれで、4歳の年に初めて人前で歌ったのが、細川たかしの「北酒場」だったとの逸話がある。まさに「梅檀《せんだん》は双葉より芳し」で、幼い頃から歌謡曲の素質があったのだ。

平成16年にデビューしたのに、私は彼女のことをよく知らなかった。一度だけテレビで観て、「いい声だなあ」と思った程度である。28年頃、ユーチューブでJUJUが桑田佳祐の曲を歌っているのを聴いたのがきっかけで、カバーアルバムを出していることを知り、CDショップへ走った。

1曲目の「六本木心中」（アン・ルイス）を聴いてぶっ飛んだ。巧いのなんのって、「こいつぁすげえや」と舌を巻いた。2曲目は鈴木雅之とデュエットで、「ロンリー・チャップリン」だ。これも鈴木のソウルフルな歌声に負けず、五分に渡り合っていた。3曲目はユーチューブで聴いた桑田の「夏をあきらめて」。悪いけれど、研ナオコよりずっといい。さらに石川ひとみの「まちぶせ」、高橋真梨子の「桃色吐息」と続く。「駅」だけは中森明菜に負けるが、「DESIRE—情熱—」はいい勝負だった。来生姉弟の「夢の途中」と「シルエット・ロマンス」は、JUJUが歌ったことで、改めて「いい曲だなあ」と思わせてくれた。意外なもうけ物は、テレサ・テンの「つぐない」で、ムード歌謡まで巧みに歌われては、「恐れ入りました！」と平伏するしかない。

最後を来生姉弟の「GOODBYE DAY」で締めた構成も良し、文句のつけようがない見事なカバーアルバムであった。これぞ歌謡曲ファン必聴の1枚と、お勧めする次第であります。

林部智史に寄せる期待は大

林部智史という名前を覚えておいていただきたい。演歌ではなくニューミュージック系で、「今最も泣かせる歌手」と評判が高い。「聴くと心が癒される歌声」とも言われている。

昭和63年、山形県新庄市生まれだから、まだ33歳である。看護専門学校に在学中、うつ病になり、引きこもり生活を送ったという。その辛い経験が、林部の歌に影響を与えたと私は推測する。

病が癒えると、アルバイトをしながら放浪して、北海道礼文島のホテルで働くようになった。そこで親しくなった友人に歌を披露すると、「その声で歌手を目指さないのはおかしい」と言われた。その言葉に後押しされ上京を決心、歌手を目指す。

私は民放の地上波放送をほとんど観ないので、『THEカラオケ★バトル』という番組を知らなかった。調べてみたら、テレビ東京が放送しており、司会者は堺正章だとか。林部は一視聴者として出演し、何回かの挑戦の末、優勝したらしい。

それがきっかけで、平成28年に「あいたい」でデビューした。作詞は林部自身で、作曲は七海光という方だ。これが素晴らしい曲だった。BS朝日の『人生、歌がある』で林部が歌うのを聴いて、「なんてきれいな歌声だろう」とうっとりした。すぐにCDショップへ走り購入した。じっくり聴くと、透明感がある声と、作りものでない感情表現、「あいたい」と訴える詞に、自然と涙がこぼれてきた。そして、聴き終えたとき、心が癒されたことに気づいた。この若者は人間の弱さがよくわかっている、と感じた。

新人のデビュー曲を聴いて泣いたのは、いつ以来だろう。同様に感じた方が大勢いたようで、ネット上では「最も泣ける歌」と評判になったらしい。CD（スペシャル盤）のカップリング曲は、「木蘭の涙」の他に中島みゆきの「糸」が入っていた。これがまたいいのだ。多くの歌手がカバーしている曲だが、圧倒的に勝っていた。

続いて、29年に「だきしめたい」を、30年に「恋衣」を発表、もちろんCDを買った。「恋衣」は、阿木燿子作詞、来生たかお作曲。ヒットメーカーコンビによる曲を林部のきれいな声で歌うのだから、悪かろうはずがない。

これにもカップリングに、「恋しぐれ」と、カバー曲として、あの「駅」が入っていた。中森明菜を超える「駅」はないとはいうものの、男性歌手のカバーとしては最上級であった。

31年には、同じ山形県出身の歌手で、林部が敬愛する岸洋子のヒット曲、「希望」をカバーした。前述のオリジナル曲と併せて聴いていただきたい。

小椋佳の項で、令和3年に小椋が出した『もういいかい』というアルバムに応えて、『まあだだよ』という題名のアルバムを出した若手歌手がいると述べたのを覚えているだろうか。それが林部である。

小椋は彼の才に惚れ込んだと見え、自ら作詞作曲した8曲を提供している。中でも秀逸なのは、冒頭の「ラピスラズリの涙」だ。小椋ならではの美しい旋律が林部の歌声によく合って、聴く者の心を癒す。

というわけで、私がイチオシの若手歌手は林部智史と記して、最終章を終えたい。

活躍を期待する若手歌手のこの１曲10選

「雪恋華《ゆきれんげ》」　市川由紀乃
「鳰《にお》の湖《うみ》」　丘　みどり
「郷愁おけさ」　杜このみ
「しぐれ舟」　岩本公水
「潮騒みなと」　椎名佐千子
「さらせ冬の嵐」　山内惠介
「月枕」　竹島　宏
「男の駅」　走　裕介
「雪風」　松原健之
「約束」　中澤卓也

あとがき

目次を読み直して、「私はこんなに多くの歌手が好きだったんだ」と改めて驚き、同時にそのことを喜んだ。コロナ禍で外出を自粛し家で過ごす日が多くなり、無聊を慰めてくれたのは、好きな歌を聴くことだった。歌手の皆さんに「ありがとう」と感謝したい。

読者の方々もきっと、歌を聴くことで慰められているのでは、と拝察する。私は歌謡曲の専門家ではないので、一ファンとしての視点で歌謡曲を論じてみた。最後まで読んでいただいたことを深謝する。

「どうしてあの歌手が入っていないのか」と、ご不満に感じたファンもいらっしゃるだろう。その疑問にお答えしたい。取り上げて然るべき歌手を入れなかったのは、好き嫌いが激しい私の性分による。いくら歌が巧くても、ヒット曲が多くても、私が嫌いな歌手は取り上げなかった。それはあくまでも個人的な好みであり、「私の著書なのでご勘弁を」と謝るしかない。
ともあれ、戦後の名曲はかなりの割合で網羅したと自負している。あなたの好きな歌手、ヒット曲について、「そう、そう。私も同じように思ってた」と同意してくださったなら幸甚であり、本書を書いた甲斐があったというものです。

令和3年7月吉日

吉川　潮

我が愛しの歌謡曲
昭和・平成・令和のヒット・パレード

著者 吉川　潮

2021年8月10日　初版発行

吉川　潮（よしかわ・うしお）
1948年茨城県生まれ。立教大学卒業後、放送作家として活躍する傍ら、演芸評論家、小説家として表現の場を広げる。豊富な知見に裏打ちされた芸と芸人への独自の視線に定評がある。著書に『江戸前の男　春風亭柳朝一代記』（新潮文庫／新田次郎文学賞）、『流行歌（はやりうた）西條八十物語』（ちくま文庫／尾崎秀樹記念・大衆文学研究賞）、『浮かれ三亀松』（新潮文庫）、『芝居の神様─島田正吾・新国劇一代─』（ちくま文庫）、『江戸っ子だってねえ』（新潮文庫）、『戦後落語史』（新潮新書）、『爺の暇つぶし─もてあます暇をもてあそぶ極意、教えます』（島敏光との共著／ワニブックスPLUS新書）など多数。

発行者　佐藤俊彦
発行所　株式会社ワニ・プラス
〒150-8482
東京都渋谷区恵比寿4-4-9 えびす大黒ビル7F
電話　03-5449-2171（編集）
発売元　株式会社ワニブックス
〒150-8482
東京都渋谷区恵比寿4-4-9 えびす大黒ビル
電話　03-5449-2711（代表）
装丁　橘田浩志（アティック）
柏原宗績
編集協力　原田英子
DTP　株式会社ビュロー平林
印刷・製本所　大日本印刷株式会社

ISBN 978-4-8470-6185-1
ワニブックスHP　https://www.wani.co.jp
日本音楽著作権協会（出）許諾 第2105213-101